三昧禪法經典系列⑧

法華三昧經典

佛說法華三昧經
佛說首楞嚴三昧經
金剛三昧經
佛說金剛三昧本性清淨不壞不滅經
力莊嚴三昧經
佛說弘道廣顯三昧經

三昧禪法經典的出版因緣

三昧禪法經典的出版，是我們整理弘揚佛法禪觀修行的重要一步，希望這些經典的整理，能夠幫助修行大眾在禪觀修證上有所增益。

佛教的禪法，無比深妙廣大。從原始佛教中，以對治與解脫為中心的禪觀，到大乘佛教中，以大悲與如幻為見地，所開展出無邊廣大的菩薩三昧，都是能令人超越生死煩惱的障礙，而達到廣大自在境界的殊勝法門。這些禪觀也能令我們了悟身心法界的無邊奧密，值得人人以無盡的生命來從事無邊禪觀的修證體悟。

佛教的修證體悟，不是散心妄念的思惟分別，諸佛菩薩也沒有建立一套龐大精妙思想的興趣。佛法看似廣大無際的思想體系，不是向壁虛構的分別推論所成，實際上只是解釋身心法界真相的體悟內容。因此，佛法的悟境，絕對是在身心統一和諧的境界中產生，所以世智聰明或極度思辯推理，可能產生龐大的精思學問，卻不可能在佛法中開悟解脫。依此而言，禪法定力雖然不是佛法開悟的內容，卻是開悟解脫的根本。

另外，大乘菩薩的三昧禪法更是依據菩薩對空、無常、無我的體悟，不住於涅槃解脫，而以大悲心發起菩提願，以菩薩三昧禪法產生永不間斷的廣大力量，永不退轉地如幻救度眾生。所以，就佛法的立場而言，禪法是每一個人改變身心性命、煩惱習氣所必備的工具。

在佛陀時代，禪法是大家共同的必修科，習禪是每一個佛教徒的常課，我們十分懷念那樣的殊勝因緣，希望在這一個時代中重現。本套三昧禪法經典，共輯成十冊，為了使大家能迅速的掌握經典的內義，此套經典全部採用新式分段、標點，使讀者能夠迅速的體悟三昧禪法的要義。

這一套三昧禪法經典，涵蓋了最基本的安般（數息）、不淨、慈心、因緣、念佛等五停心觀，乃至無邊廣大的菩薩三昧，這十冊的內容是：

一、念佛三昧經典

二、般舟三昧經典
三、觀佛三昧海經典
四、如幻三昧經典
五、月燈三昧經典
六、寶如來三昧經典
七、如來智印三昧經典
八、法華三昧經典
九、坐禪三昧經典
十、修行道地經典

現在供養給大家，希望大家能夠依此而使身心離惱、解脫自在，甚至證入無邊廣大的菩薩三昧，具足大功德、大威力；並祈望大家廣為推行，使如來的教法能大弘於人間，一切眾生歡喜自在、一切願滿，乃至圓滿成佛。

南無　本師釋迦牟尼佛

凡例

一、關於本系列經典的選取，以能彰顯佛法中三昧禪法的修習與功德力用為主，以及包含各同經異譯本，期使讀者能迅速了解修習三昧禪法的重要見地及善巧方便。

二、本系列經典選取之經文，以卷為單位。

三、本系列經典係以日本《大正新修大藏經》（以下簡稱《大正藏》）為底本，而以宋版《磧砂大藏經》（新文豐出版社所出版的影印本，以下簡稱《磧砂藏》）為校勘本，並輔以明版《嘉興正續大藏經》與《大正藏》本身所作之校勘，作為本系列經典之校勘依據。

四、《大正藏》有字誤或文意不順者，本系列經典校勘後，以下列符號表示之：

㈠改正單字者，在改正字的右上方，以「*」符號表示之。如《大方等大集經菩薩念佛三昧分》卷四〈歎佛妙音勝辯品第五之一〉之中：

無名相法以名相說，「共」義亦爾《大正藏》

無名相法以名相說，「其」義亦爾《磧砂藏》

校勘改作為：

無名相法以名相說，*其義亦爾

(二)改正二字以上者，在改正之最初字的右上方，以「*」符號表示之，並在改正之最末字的右下方，以「☆」符號表示之。

如《佛說如幻三昧經》卷上之中：

離欲「恍惚」寂無所有，歸於澹泊悉無所生《大正藏》

離欲「煩惱」寂無所有，歸於澹泊悉無所生《磧砂藏》

校勘改作為：

離欲*煩惱☆寂無所有，歸於澹泊悉無所生

五、《大正藏》中有增衍者，本系列經典校勘刪除後，以「①」符號表示之，其中圓圈內之數目，代表刪除之字數。

如《佛說如幻三昧經》卷下之中：

尋便滅「除，除不與合」《大正藏》

尋便滅「除，不與合會」《磧砂藏》

校勘改作為：

尋便滅除，①不與合⊙會

六、《大正藏》中有脫落者，本系列經典校勘後，以下列符號表示之：

㈠脫落補入單字者，在補入字的右上方，以「⊙」符號表示之。

如《大寶積經》卷一百三〈善住意天子會〉之〈文殊神變品第三〉中：

文殊師利後「善住發」《大正藏》

文殊師利後「善住意發」《磧砂藏》

校勘改作為：

文殊師利後善住⊙意發

㈡脫落補入二字以上者，在補入之最初字的右上方，以「⊙」符號表示之，並在補入之最末字的右下方，以「☆」符號表示之。

如《觀佛三昧海經》卷六〈觀四威儀品第六之一〉之中：

阿難在右，「羅睺佛後」《大正藏》

阿難在右，「羅睺羅在佛後」《磧砂藏》

校勘改作為：

阿難在右，羅睺⊙羅在☆佛後

七、本系列經典依校勘之原則，而無法以前面之各種校勘符號表示清楚者，則以「㊟」表示之，並在經文之後作說明。

八、《大正藏》中，凡不影響經義之正俗字（如：恆、恒）、通用字（如：蓮「華」、蓮「花」）、譯音字（如：目「犍」連、目「乾」連）等彼此不一者，本系列經典均不作改動或校勘。

九、《大正藏》中，凡現代不慣用的古字，本系列經典則以教育部所頒行的常用字取代之（如：讃→讚），而不再詳以對照表說明。

十、凡《大正藏》經文內本有的小字夾註者，本系列經典均以小字雙行表示之。

十一、凡《大正藏》經文內之咒語，其斷句以空格來表示。若原文上有斷句序號而未空格時，則本系列經典均於序號之下，加空一格；但若作校勘而有增補空格或刪除原文之空格時，則仍以「◎」、「①」符號校勘之。又原文若無序號亦未斷句者，則維持原樣。

十二、本系列經典之經文，採用中明字體，而其中之偈頌、咒語等，皆採用正楷字體。另若有序文、跋或作註釋說明時，則採用仿宋字體。

十三、本系列經典所作之標點、分段及校勘等，以儘量順於經義為原則，來方便讀者之閱讀。

法華三昧經典序

在這一部經集中，包含了《法華三昧經》、《首楞嚴三昧經》、《金剛三昧經》、《佛說金剛三昧本性清淨不壞不滅經》、《力莊嚴三昧經》及《佛說弘道廣顯三昧經》等大乘三昧經典。

《法華三昧經》全一卷，為智嚴於劉宋元嘉四年所譯。本經敘述羅閱祇城耆闍崛山中，有無數比丘眾、菩薩眾等齊聚來會，欲請問佛，此時佛口放光明遍照十方，佛身忽然不見。一會兒羅閱王辯通、王女利行、諸女等齊來，佛遂由地涌出，坐大寶蓮華上，為王女宣說法華三昧之法。王女得道之後，與眾問答，諸女皆發心出家，王亦出家並得授記。

本經乃佛為羅閱王之女利行宣說法華三昧行法，屬於《法華經》的部類，顯示了諸佛究極的法華三昧行法，十分的殊勝。

《首楞嚴三昧經》是一部極為重要的大乘三昧經典。梵文為Śūraṃgama-mahā-sūtra或Śūraṃgama-samādhi-nirdeśa。Śūra意為「英雄」、「勇健者」，因而又成了十地菩薩的另稱。Śūraṃgama意即「到彼」，法護譯作「勇伏」，羅什譯作「健相」，玄奘譯作「健行」。因Samādhi是「等持」之意，首楞嚴三昧即成了「到達十地菩薩之健士的等持」。許多譯者將它音譯為《首楞嚴三昧經》、《首楞伽三摩地經》等，法護則意譯作《勇伏定經》。

本經很早就在中國譯出，合計九譯，但其中㈠後漢支讖、㈡吳支謙、㈢曹魏失譯、㈣同上、㈤曹魏白延、㈥西晉竺法護、㈦西晉竺叔蘭、㈧前涼支施崙等八譯悉皆散逸，僅存後秦鳩摩羅什譯本（A.D.401～412之間）。藏譯乃ḥphags-pa dpaḥ-bar-ḥgrobaḥi tiṅ-ṅe-ḥdsin ces-bya-ba theg-pa chen-poḥi mdo，被稱為「至聖健士所之等持的大乘經」。

本經只是上下二卷（或三卷）所成的小部經，但相關於其他重要大乘經典之處甚多，在經典史上佔有重要地位。本經藉般若空觀而呈現其妙用，因此無疑的令人想到《般若經》，且與其他《十地經》、《維摩詰經》、《法華經》等有很深的關係。

首先，說明本經與《十地經》的關係。在經名中已令人想到菩薩的十地，經中也有二處提及十地；並且首楞嚴三昧的百句修法，多與《十地經》中的十地項目所述一致。此外，本經極力貶斥二乘之處，與《維摩詰經》相同，應是與《十地經》同一思想的產物。其次，本經在瞿域天子登場時，教化帝釋及諸天，並與堅意菩薩往來問答有關女身問題。此瞿域天子是Gopī的音譯，如她所自述，她是釋尊出家前的一位妃子。以此妃為大菩薩，此點令人想起《華嚴經》〈入法界品〉中善財童子的第四十一師，即迦毘羅城的瞿夷(Gopī)，說明了與《華嚴經》的一般關連。

其次，本經與《維摩詰經》的關係也甚為密切。大體來說，首楞嚴三昧與不可思議解脫法門應該是同一的，一是以種種菩薩、天子等的妙行來表示，另一則以維摩詰一人為具體化的代表。以此通觀之，住於首楞嚴三昧的菩薩妙行，具體地見於《維摩詰經》〈方便品〉的維摩妙行；瞿域天子對於女身轉不轉的論議，與〈觀衆生品〉中一天女與舍利弗的問答是同一的；為得此三昧所應修的法，相當於〈佛道品〉前半。此外，現意天子的本土是妙喜國，此與維摩的本土相同，二者均顯示了對阿閦佛的崇仰；現意天子將來成佛，佛名淨光稱王如來，名稱上與「維摩詰」之意為無垢有所類似；關於所述現意天子授記之事，與維摩、彌勒之間的問答相似；魔界行不污菩薩的教化魔女，與維摩教化魔女相似。此外，認為阿羅漢是破器敗根，較之五逆重罪之人於佛道上更為低劣，此皆見於二者。其他，共通類似的文句、義理隨處可見。《維摩詰經》始終只彈呵二乘，而本經則傾向調和三乘，並進而明示授記思想的發達。

此外，由本經與《法華經》的交涉看來，本經顯示了㈠三乘調和的傾向及授記思想、㈡佛陀觀、㈢菩薩思想等三點：㈠在本經中說授記的篇幅頗多，如授記現意天子、四種授記均為其例子，尤其是對以不清淨心發心的惡魔予以授記，令人想起《法華經》〈提婆品〉等；然而，不如《法華經》般有詳細的組織。再者，經中說明獲得首楞嚴三昧者，能自在示現聲聞、辟支佛等種種身教化眾生，即「樂聲聞者示聲聞乘，樂辟支佛者示辟支佛乘，樂大乘者示大乘」，傾向調和三乘，並開示眾生悉有佛性。㈡關於佛陀觀，認為佛陀的八相成道全是依方便力而化現，並主張其壽命極長，歷七百阿僧祇劫等，與《法華經》〈壽量品〉相近。㈢關於菩薩思想，述及迦葉聽聞四種授記之後，說即使是聲聞人，也難以測知何時何人成佛，因此應尊重一切人，若輕視人，即輕視世尊；此點與《法華經》中的常不輕菩薩有直接的關係。已得首楞嚴三昧的菩薩，現種種身以教化眾生，令人想起觀世音菩薩身成三十二應。入諸國土，不動道場能遍十方。

首楞嚴三昧之名，古來已膾炙人口，凡說三昧之處必舉出首楞嚴三昧，與以定中見佛為特相的般舟三昧，共為最重要的三昧。因此，以說首楞嚴三昧為主要目的的本經，在大乘佛教思想史上所佔之地位決不低。然而在唐代（A.D. 750），由般剌蜜帝與彌伽釋迦所共譯的《大佛頂如來密因修證了義諸菩薩萬行首楞嚴經》，因此經後來影響中國佛教甚深，故凡言《首楞嚴經》必指此經，而忘卻了本經·,這在古代時決非如此。

《法顯傳》中記載：「法顯到耆闍崛山，華香供養然燈續明，慨然悲傷抆淚而言：『佛昔於此說首楞嚴，法顯生不值佛，但見遺跡處所而已。』即於石窟前誦《首楞嚴》，停止一宿。」法顯所知經典之中，許多並不是佛在耆闍崛山所說，由其特別舉出本經一處，可知如何的重視本經了。

又若依《大阿羅漢難提蜜多羅所說法住記》所言，據傳在紀元第三世紀末，在位的勝軍王首都居住的慶友阿羅漢，他在入滅之際，提及重要的大乘經典之中有《首楞伽摩三摩地經》。此傳說究竟是有多少歷史根據，仍未能斷定，但可明白是尊重本經的一大史料。

此外龍樹菩薩在《大智度論》中，於卷十、二十六、二十九、三十三、三十四、七十五等六次引用本經，在引用次數上排行第六。雖然不及於《法華經》、《維摩詰經》，但由於本經只是二卷所成，若從所佔分量上排行，却佔第一位。

西元六五〇至七五〇年左右的寂天(Śānti-deva)，在其所著的《大乘集菩薩學論》(Śikṣāsamuccaya)的卷一及卷六曾引用本經，至後世本經遂具有相當的重要性。

本經如經名所示，以述說首楞嚴三昧為本旨，亦即對堅意菩薩所問：「該依何種三昧示現八相成道，且不畢竟入於涅槃？」答以首楞嚴三昧。此三昧唯十地菩薩能得；若住於此，舉足下足常念六波羅蜜，見聞此菩薩的衆生悉得解脫；並以百句述說此三昧，且學此三昧應如學射箭一般；於一切法無所住，此即初得首楞嚴三昧。

這是本經的根本意趣，為明示三昧的妙用。經中佛、菩薩、諸天子等縱橫開演，或由佛自身的三昧力而現神力，或由現意天子、彌勒菩薩、魔界行不污菩薩說明教化衆生的妙用，或藉文殊菩薩說示亙於多劫長時的大慈悲、大方便。

要言之，本經一方面為矯正陷於律儀主義的弊端，另一方面為說示相應空觀的實踐法，高唱三昧，以之補救寂靜、消極的不足，來鼓舞大乘菩薩的精神。雖是一部小經典，但結構甚為複雜。經中出現活躍人物也甚為雜多，菩薩方面有堅意、文殊、彌勒、魔界行不汚；聲聞方面有舍利弗、大迦葉、須菩提、阿難；天子方面有等行梵王、持須彌山頂釋、瞿域天子、現意天子、淨月藏天子等。又惡魔、魔女也出現在經中，變現自在、機辯縱橫，以之表第一義諦的深旨、如幻三昧的妙用。理想人格以文殊為第一，彌勒次之，於結構上的中心則是堅意菩薩。蓋在憧憬法身無相、本有無作的境地，希求依三昧以體悟法身的時代中，以獨特的堅意菩薩來表現此時代精神。

經中言及彌勒淨土、阿閦佛國、文殊淨土，立於無所得、萬法空皆的世界觀之上，由諸法平等上至諸佛平等，下至生佛一如，亦大膽宣言佛魔一如，顯示既排斥也包容二乘的態度，與《般若經》之關係自然無須多言，與《維摩詰經》、《法華經》諸經亦均有關係。不論如何，這是一部包含許多有意義的問題，雖比較短小而關係甚要的經典。

《金剛三昧經》一卷，失譯，這是屬於法華部的經典。經中先敍述佛於王舍城耆闍崛山（靈鷲山）中，宣說大乘一味的真實法已，即入於金剛三昧，阿伽陀比丘說偈讚歎。接著佛陀從三昧起定，再宣說一乘味法，解脫菩薩更請求為末世眾生，宣說入一味之法。而心王菩薩在〈無生行品〉中問得無生忍義。接著無住菩薩、大力菩薩、舍利弗、梵行長者及地藏菩薩相繼與佛問答。經末佛囑付阿難尊者受持此經，及說明受持此經之福德。

金剛三昧是諸佛的大三昧，本經以《法華經》如來一乘的法義為中心，開示了趣入金剛三昧的方便。

《力莊嚴三昧經》三卷，為隋那連提耶舍所譯，經中宣說佛在祇園於後夜入力莊嚴三昧，文殊師利菩薩等二十童子各禮佛足，分往十方佛土，召集十方菩薩來集會。而後佛從定起，坐師子座上，文殊菩薩先問佛陀十種難信之智，佛以六喻明之。智輪大海辯才童子問十智義，佛陀為他釋說十智因緣，得成十力；次明三世諸佛皆觀菩提樹七日七夜，如此方便，皆示現了不可思議諸佛如來甚深境界。接著以種種問答，來明示諸佛不思議境界即一切眾生境界，是一境界無二無別，依六根、六塵而示平等無差別義。

《弘道廣顯三昧經》四卷，分十二品，晉竺法護所譯。經中先述佛在靈鷲山，阿耨達龍王來問佛法。龍王並恭請佛陀半月在龍宮中，接受供養並宣說佛法。

接著，濡首童子（文殊菩薩）與諸菩薩從下方寶英如來的寶飾世界，來到阿耨達龍宮，並與大迦葉問答「寶飾世界有多遠？」「經由多少時間至於此土？」等論及心解脫與菩薩的大辯。濡首童子並為智積菩薩說明如來以方便說三乘，而智積回答大迦葉說：「寶英如來從一法出無量義，但說菩薩不退轉法輪。」濡首童子為阿耨達龍王說明「正觀如來」，舉菩薩應修的善行、等行、無所行，菩薩不起法忍，菩薩應修向脫（方便慧）。接著須菩提與龍子論法，佛陀並為龍王、龍子授記。然後佛陀回到靈鷲山，並以此經付囑慈氏、濡首菩薩及阿難等。

從以上的大乘三昧經典，我們可以體悟諸佛、菩薩三昧的廣大不可思議。佛法並非理論、信仰而已，而是生命的實踐。其中菩薩行者以廣大甚深的三昧，實踐於世間，做永恒的救度，實在是令人萬分的景仰。我們希望透過這些三昧經典的編輯、弘揚，使人間更加光明、圓滿，這真是無邊喜樂的事啊！

目錄

佛說法華三昧經

佛說法華三昧經一卷

宋涼州沙門智嚴譯

佛在羅閱祇耆闍崛山中，與諸尊弟子比丘千二百五十，菩薩七萬三千人，諸釋、梵不可復計，十方飛來無央數皆神通妙達。復有他方恒邊沙諸天人及諸菩薩，如是等百億千恒沙，皆來會在佛前坐。

時舍利弗、須菩提等諸尊菩薩皆有疑心，念言：「何因緣諸上人皆來在是間會？有何異要之瑞應？」

爾時，諸弟子起疑心念，為佛作禮，長跪欲問佛。佛時已放無數光從口出，若干億億稍稍引大遍虛空明，遠照恒邊沙剎土，地復震動，於是盡明即不復見佛身相。大眾愕然，共議佛三昧為何所之趣？各自思之，即便還坐三昧，求佛至處座前。

有菩薩名慧相，便報言：「善哉！善哉！當爾賢者，思惟了不知所至處。」

須臾，羅閱王後宮太子、皇女及婇女、夫人，三萬二千人皆從共來詣山中，到不見佛。

復有不想菩薩問王：「將從何多？」

王名辯通，答言：「見佛光明故來耳。」

王女名利行，便問菩薩：「佛今所在為到何方？」

答曰：「向已求佛了不知。」

處女答曰：「卿是佛第一神通者，應當知處。」

菩薩答曰：「且坐。」

須臾頃，地即震動，從地中出，坐自然大寶蓮華上，眾坐上人愕然。王女利行，起為佛作禮訖，住佛前，說偈問佛：

向見大光明，　疑佛有異要，　故來將大眾，　欲問心狐疑。

反更不見佛，　意甚有怪驚，　願得具為說，　當令大衆解。
各發一三昧，　推求佛身相，　了言不知處，　各共坐作議。
更起何三昧？　畢欲求佛意，　女來問衆等，　佛今為所在。
純行有至心，　必欲有所問，　願見世尊授，　令意解狐疑。
具為現衆等，　分別解說之，　向所三昧處，　所名在何所？

佛語女利行：「所問甚深，當為汝分別說。向所三昧名法華，譬如大國中有一樹，有一華覆三千大千剎土，其香熏恒邊沙佛國。若有人得聞名字，若知解，自然疾得是三昧。若諸病痛者，得聞是三昧，應時自解，人根衆病消盡。」

女利行問佛：「何謂華之威德，乃有是慧？」

佛語女利行：「華者一樹之色，人見莫不愛樂欲得之者；法華三昧是生死中之色，大光受有形，人不知不聞，不信是三昧，不奉行之，未應菩薩不見慧，失人之本，反隨沫流，終已不見明。」

女利行復問佛：「今欲得是三昧，行何法？有幾事行得人中？願佛弘慈恩潤，廣開行議，令一切聞解，皆入三昧中。」

佛言：「善哉！善哉！多所度脫，永度無極有二事。何謂為二？一者、知法身如幻如化，二者、知婬、怒、癡無根無形。」

佛爾時說偈言：

法身有一切，　化幻現沈浮，　婬怒癡無形，　如水現泡沫。
觀察人身物，　如滅無形住，　離散合自成，　分別計皆空。

佛語女利行：「復有四事，別如行三昧者。何謂為四？一者、行戒無色想，二者、行檀無受者，三者、不厭無亂者，四者、行智無愚者，是為四。」

佛爾時說偈言：

不犯戒無毀，　行檀不入智，　不厭無癡亂，　不愚無智慧。
不說無行者，　有行不言向，　三昧可得入，　無處無中邊。

佛語女利行：「復有三十六事，是為三昧所見事。何謂三十六事？不見生、不見死、不滅、不增、不出、不入、不在外、不在內、無住、無止、無水色、無火色、無風色、無地色、無痛、無痒、無思、無想、無生、無死、無識、無貪、無婬、無瞋、無恚、無愚、無癡、無慳、無施、無惡、無善、無心、無意、無識行，不起上若干事，不滅上若干事，如一無形像，是為三十六事法華所見事。」

佛爾時說偈言：

不想念無念，　不行色想要，　無行法華淨，　空寂無吾我。
不處有入中，　沒滅無形像，　不觀善以惡，　俱皆空自然。

佛告女利行：「法華三昧所見，譬亦如是。」

佛說是三十六事品時，無數天人及世間大眾人，及王所侍從，大小合有四十億萬，皆發無上正真道意。女利行及後宮人，三萬二千婇女、夫人，逮得無所從生法樂。於中立女，見眾人皆發道意，心甚歡喜，起為佛作禮，繞佛三匝，住佛前說偈言：

世尊實神妙，　演知三世事，　斷世婬怒垢，　開化沫流人。
皆到無為城，　快樂乃安寧，　如是天人中，　地為大動傾。

今日合大衆，	億億百萬千，	當來及過去，	現在得自然。
願得大普恩，	法華威神力，	三界一切人，	皆得是三昧。
今我值在世，	當行法華事，	使世無老死，	快樂無憂患。
三苦自然除，	皆如為三昧，	空想於願識，	自然現相好。
教授沫流人，	得意慈普行，	光光威儀好，	等為身如來。
合聚於沫生，	三昧豫生行，	便使於空中，	得慧如上首。

女利行說偈已，作是念：「今欲教授人不見法則，何事開解人？」

佛即知女心中念，便語女：「欲持何法？教何人法？復何所在人？復何所止？」

立女白佛言：「如是所說，無法、無教、無人。」

佛語女：「無法有八事行，無教有六事除，無人有七事散。」

女問佛：「何謂八事行、六事除、七事散？」

佛言：「一者、直見不邪，二者、直聞不聽，三者、直治不曲，四者、直說不煩，五者、直行不迷，六者、直念不思，七者、直意不動，八者、直受不尋，是為八事行無法。何謂無教六事除?一者、不念有見無見無,二者、不念有聲無聲無,三者、不念有味無味無,四者、不念有香無香無,五者、不念有觸無觸無,六者、不念有意無意無,是為六事除。何謂無人七事散?無水色、無風色、無火色、無地色、無心色、無識色、無行色,是為七事散,無人可教當作此解。」

佛爾時說偈言:

若有解法華,　三昧要句品,　當念勤精進,　曉解得正言。
七八六已足,　計本無形迹,　不受自可欲,　去想安寂然。
說法無言教,　不見有壽命,　人本空無寂,　不解沫言有。
不除不斷欲,　出入無住處,　無痛無思想,　不生不死滅。
有念為勞苦,　不復著因緣,　示現有色欲,　已反愛灰塵。
觀見有病痛,　常意與本并,　慧見不空念,　寂寂安空空。
法華三昧現,　不出不入住,　無見不見空,　是為疾得如。
便能行施法,　以慧為布施,　說慧等如是,　諸佛皆稱歎。

女聞說是時，倍復踊躍歡喜，起為佛作禮，踊在空中，去地七尺，還坐金剛蓮華上。

時坐中有比丘心念言：「是為真是女？為幻人？」自起為佛作禮，長跪叉手，說偈問佛言：

本自生愚癡，　不識道慧義，　不知女利行，　為是真男女？
審是一定人，　用法何復問？　真是女子身，　所問何以深？
生來侍佛法，　未見如是人，　所見非凡及，　智慧何以爾？
本從何方來，　而生於王家？　宿命行何法，　逮及幾佛來？
精進健乃爾，　所問如來報，　戒具真有行，　能問如有說。
能忍有柔意，　但能口說行，　休心意何如？　實欲往試之。
可應幾法住，　往對不起意？　若實有智慧，　我欲從解要。
省視所說法，　詠廣入道俗，　有何異心意，　獨得是智慧？

佛便語比丘言：「自若干因緣。」即說偈報言：

女利行本心，　立德識本處，　在世來千歲，　當習於三昧。
心解眾色要，　寂然與禪同，　真是女子身，　不為化來現。
本從無色世，　今來在世界，　續復如本行，　已行便立正。
無身現說心，　普念眾慈行，　念法空為本，　不起因緣相。
比丘自不解，　何怪是女身？　不見無有本，　反自受縛著。
禪思欲去色，　更反為色亂，　遠苦避三毒，　已入三毒苦。
汝自不解身，　自謂得常安，　萬物如幻化，　入出無形住。
四色本虛空，　自然受形著，　愛習自拘限，　壞本起末欲。

爾時，比丘八萬四千人聞說偈意解，即發無上正真道意，不可計天人散華名香，皆來供養佛。

時舍利弗心念：「女子乃有是辯，何不去女作男？」

佛即知舍利弗心所念，便語舍利弗：「汝自問女。」

舍利弗即問：「唯！女利行！所說非常事，*汝與如來共對語，何不去女作男？」

女利行答言：「唯！舍利弗！道德之要，以慧善見，不視於四色，是地、水、火、風，五情合六入為衰，心意識如幻如化，出入無形，癡意不盡，故與三流對，更出浮沈，何足珍？雖漏盡結解，有不淨想，無色如為惡，苦住反為樂。」

舍利弗問：「學佛之法，應有謗毀言不？」

女問賢者舍利弗：「云何為謗毀？」

答言：「一好一惡，是為謗毀。」

女報言：「未曉未了大人所說，不以小為小、大為大，好惡無二等無異，謗身身是色，謗意意無形，四色法空無形無造，何所受謗毀者？」

舍利弗答曰：「卿所說是菩薩大人所行，卿未應菩薩，何緣乃說此事？」

女報言：「大人為以何立？」

報言：「普等為言。何謂為普？教授十方人遠苦得道，是為普。」

「唯！賢者所說，不說普，說生死勤苦耳。」

女語舍利弗：「謂為普者，不見有人無人、有教無教、有法無法所念，是曰為普；不為見生死苦，欲教之令得道，是為普。」

舍利弗無有辯才析答此言。女爾時說偈歎曰：

人用三塵亂，　輒為六衰者，　五惡十賊對，　三厄墮困窮。
十二連相續，　四色拘沒三，　不解名顛倒，　坐受空聚藏。
無故沒三*姓，　自網投深淵，　堅藏畏二三，　自滅更受生。
宛為空所縛，　恒懷不淨想，　自呼是常安，　為得真自然。
是輩滿閻浮，　億億百萬千，　所行遍十方，　不益一切人。
當有隨受行，　皆共墮海流，　可作大法行，　入海勉欲根。
決海令滅盡，　平故無還流，　返原盡欲室，　令人歸故鄉。
故鄉名無為，　號字清淨堂，　快樂多紫金，　入出*揚光明。
恒邊沙劫佛，　莫不稱歎說，　以法空無戲，　無相不願識。
淵流以海水，　皆復不足說，　廣意開化人，　自然常自安。

惟念諸賢者，　乃自反不解，　無故自受縛，　幻化受報應。

爾時，四萬二千羅漢皆正意第七住，八萬五千釋、梵皆逮無所行從生。六萬四千賢女起為佛作禮，住佛前說偈言：

今日女利行，　為我衆等說，　聞說佛深法，　令我心開解。
實欲知道德，　皆從何所來？　聚合衆一切，　有何神妙德？
而致與大衆，　莫不驚愕心，　伏意往樂從，　隨教之所行。
願欲求天尊，　愍發起濯衆，　至心受大慧，　如來神化現。
應時諸女身，　倒願去色欲，　便欲作沙門，　佛之知我情。
畢覺諸審諦，　使身如菩薩，　宣佛神道教，　當復轉化人。
諸賢大衆女，　俱起在佛前，　頭面稽首禮，　願得如佛像。

佛語諸女：「所說實至心，今欲求所願，先當報父母，次當復由王，得聽可去耳。」

於是諸女說偈報白言：

欲願作沙門，　先當報父母，　次當復由王，　得聽可作道。
為道不苦晚，　但當勤開心，　曉解心意本，　一切與同等。
便有決大意，　心解乃至道，　道從解心起，　不住於縛著。
化達觀衆見，　如復心出生，　從本知本空，　知皆非常苦。
心亂便隨流，　所見必有對，　不生善惡想，　爾乃作沙門。

諸賢女起往至父母所，長跪白父母及大王：「今日受王恩德來詣佛所，為尊女利行問佛深妙法，欲求無為道，現身及一切佛，為女說本末生死苦痛。但為色欲著，不知道德本，緣是無常至，當就三苦勤，願欲作沙門，願父母聽我作沙門，當得道還度父母。」

父母語諸女：「求自然道，各自見便利，隨意所習行。汝曹尚去，我亦隨汝去。汝自白語王，得聽便自去，用問我為！」

諸女稽首大王前，淚出而言：「人在三界中，苦欲坐色想，不得自在，無常卒至無有代者。實欲作沙門，并與諸女俱，無為得道者，當還度父母。王！願從本意。」

王語女利行等：「早欲使汝去，隨行作沙門，以汝三事未足，是以不遣汝耳。一者、未盡學識諸禮教，二者、常樂未有見苦，三者、口食恣味未有足者，以是故不欲遣汝耳。若有至意者，便去勿疑，吾亦欲作沙門。」

王即起至佛所，作禮白佛言：「聞說智慧，意甚願樂。國付太子，身歸三尊，給侍左右，并受法教，欲作沙門，求道如佛。」

佛即放光若干種色，其明照十方，地為六反震動，諸天作樂覆滿於虛空，散華名寶覆三千大千剎土，天下丘墟皆平，其有大山化為黃金，枯木更生。中有不端正者皆得願，樹木枯者皆生條葉，自然風吹皆歌歎佛功德。生華者即自墮落，各氣到佛所，羅住空中，各說偈讚佛功德：

今蒙聖神力，　得救死復生，　光色還本然，　復實滋道成。
生死婬亂色，　譬於枯木時，　值佛說音聲，　還來合本并。
六色沈著瞑，　四色合五欲，　分別法空然，　解道成法行。

為得真定智，　快樂得安寧，　一切皆歡喜，　稽首禮佛足。

爾時，諸六通及羅漢見華有是說，女利行即化為男子復為菩薩，一女子作是二化變，衆坐莫不歡喜。時一佛剎中無有女人，諸六通道者十萬五千人，三萬須陀洹皆得阿惟越致，八萬六千人及阿那含皆得柔順法忍，不可計羅漢更發無上正真道意，其有辟支佛行即如彌勒輩。

王即以國付太子，太子名辯積，拜跪白大王：「王為欲施子孫之殃與色身之福?施子孫，當以法財之利。持誅滅之怨大罪，與子孫大國之治，世世漏沒人根，不知大慧滅善之路與子孫，當奈何?父王有教，不得不從。」

輒便禮拜，辭王而去，還國宮殿，坐領國普告：「若不到佛所，求無為道作善孝者，罪與三逆等。」

太子於殿上精進勇慧，廣開大道意心甚過本無量，即滅一城之惡，地即為六反震動。時人民皆言：「願太子便得作佛，我曹大衆皆當承弟，亦當作佛。」

佛時笑，五色光出照於十方佛剎，人民皆發願：「令我得道如佛，天下飲食自然在前如忉利天上，其國菩薩皆如阿彌陀國中。」

太子辯積得功德在宮七日，出詣佛所，從大衆群臣大小人民無央數至佛所，為作禮住佛前，說億億萬千偈讚曰：

佛作三昧決，功德甚巍巍，光相威神照，感動三千剎。
施人無上慧，德普入衆心，感發開童蒙，莫不受福成。
演詠法華事，改世濯群異，降伏獷強者，和更受柔順。
等尋道場光，世人受業長，去老逮空寂，不死而復生。
除病遠穢辱，色想沒滅勞，陰蓋即以除，清淨無欲塵。
思想受欲定，流布還無為，空定常寂然，不住不然行。
不行無法識，示現光相成，本法無增減，常安寂空空。
如來現神化，一切得真道，愚癡寂然定，心與無生同。
我今聽說法，演出法華慧，心解得發願，一切得如佛。
今欲城國土，願便說法華，以何法行得？當有幾事解？

疾得是法華，　依義說其慧，　皆令分別知，　一切心得解。
曉了諸法事，　當從中外得，　得之為遠近，　便可立得佛。
復更於劫數，　久從幾佛受？　解慧而有要，　須臾變化成。
願以具演說，　皆令大衆知，　太子及衆人，　作禮還復坐。

佛語女利行：「欲知法華之開解所示現也，當來、過去、現在諸佛皆從是散身譬喻品，得道知諦。」

爾時，有億百千天及諸梵、不可計人民、四十八萬菩薩逮得無所從生，其有聲聞皆更發意。

時不想菩薩白佛言：「今日大衆聽聞法華三昧，解說事要都未受訣。」

佛告菩薩：「今日說法華三昧者，皆以授訣有劫數，各各自有國土處所，是故不復說耳。若汝不解，自往皆問之。」

時太子及女利行，即白菩薩心中所欲問，即各說偈答報言：

惟賢上智慧，　何以不解要？　其有求想報，　皆為不受慧。

當說有處所，　則非法華事，　要當須口說，　欲聽真高聲。
不解其本末，　語亦俱不知，　指示道徑法，　猶若如盲人。
師子之大音，　尚復呼小聲，　受訣已得佛，　不知禮正道。
受訣有國土，　譬亦如幻化，　有對便出應，　不復預思想。
見附住教授，　彌及去來今，　神通無不知，　不須有言說。
受訣在空無，　寂然安無為，　常定不動轉，　私細人不知。
開演於未然，　寂靜無所為，　是為所樂國，　清淨為證正。
不念有思想，　是為快法安，　相好示光明，　是為勤苦現。
弟子有人民，　是為入欲濁，　不苦不勤念，　都盡不起滅。
如是說十八萬億偈報，菩薩即歡喜，說偈讚曰：
我自生愚癡，　不解上人語，　不知其音法，　反呼未受決。
如今所說偈，　甚深難具陳，　願發本時意，　與神共參論。
時太子白佛言：「今諸賢皆尚不解要，以善權方便開解。」

佛即笑，五色光從心口出，十方皆明。
阿難白佛：「佛不妄笑，笑必有意，願聞其說。」
佛語阿難：「汝見大衆不？」
阿難答言：「見！」
「今是如來問皆具答，各各在十方教化，度恒沙等天人民皆使作佛。」
爾時，自然雨香華七寶，覆三千大千刹土，而周匝遍無有空處。
佛語太子：「此法華所解人身之事如是。」
爾時，不可計洹沙百千人民皆發無上正真道意，逮無所從生心；無數千聲聞皆逮阿惟越致地。
阿難長跪白佛言：「此名何經？云何奉行？」
佛語阿難：「名法華三昧，女利行所問解人身散情經要集。若有男女書寫諷誦讀，勝行檀八十劫。若供養對跪拜者，勝菩薩行慈三千億萬劫。若當曉解展轉相教，勝供養恒邊沙佛。若有一聞是經者，不復更生死勤苦。不信謗者，此人以隨末流，未復還本。」

佛語阿難：「囑累汝法華三昧事，千劫尚不能盡，粗說要諦，受書持奉行，勿得減一字，正書句逗相得。」

太子所從大眾開解，各得道慧，皆如上首，起為佛作禮而去。

法華三昧經

佛說首楞嚴三昧經

佛說首楞嚴三昧經卷上

後秦龜茲國三藏鳩摩羅什譯

如是我聞：一時，佛在王舍城耆闍崛山中，與大比丘僧三萬二千人俱，菩薩摩訶薩七萬二千，衆所知識，得陀羅尼；成就辯才，樂說無盡；安住三昧而不動轉，善能了知無盡之慧；得深法忍，入深法門；於諸無量阿僧祇劫，所修善法皆悉成就；摧伏衆魔，降諸怨敵；攝取最尊嚴淨佛土，有大慈悲諸相嚴身，於大精進得到彼岸；善知一切言辭方便，所行威儀具足清淨；悉以得住三解脫門，以無礙智通達三世；發決定心不捨一切，憶念義趣堪忍智慧。其諸菩薩德皆如是，其名曰：轉不退法輪菩薩、發心即轉法輪菩薩、無礙轉法輪菩薩、離垢淨菩薩、除諸蓋菩薩、示淨威儀見皆愛喜菩薩、妙相嚴淨王意菩薩、不誑一切衆生菩薩、無量功德海意菩薩、諸根常定不亂菩薩、實音聲菩薩、一切天讚菩薩、陀羅尼自在王菩薩、辯才莊嚴菩薩、文殊師利法王子菩薩、彌勒菩薩、須彌頂王菩薩、海德寶嚴淨意菩薩、大嚴淨菩薩、大相菩薩、光相菩薩、光德菩薩、淨意菩薩、喜王菩薩、堅勢菩薩、堅意菩薩。如是等菩薩摩訶薩七萬二千人，及三千大千世界所有釋、梵、護世天王，并諸天、龍、夜叉、乾闥婆、阿修羅、迦樓羅、緊那羅、摩睺羅伽、人與非人，眾所知識多種善根樂大法者，皆來集會。

爾時，堅意菩薩在大會中作是念言：「我於今者當問如來，以是所問欲守護佛種、法種、僧種，令諸魔宮隱蔽不現，摧伏自大增上慢者，未種善根者今當令種，已種善根者當令增長，若有未發阿耨多羅三藐三菩提心者當令發心，已發心者令不退轉，已不退者當令疾得阿耨多羅三藐三菩提；計有所得住諸見者皆悉令發捨離之心，樂小法者令不疑大法，樂大法者令生歡喜。」

作是念已，即從座起，偏袒右肩，右膝著地，合掌向佛，白佛言：「世尊！我今欲於如來法中少有所問，唯願聽許！」

佛告堅意：「隨汝所問，吾當解說令汝歡喜。」

堅意菩薩白佛言：「世尊！頗有三昧，能令菩薩疾得阿耨多羅三藐三菩提，常得不離值見諸佛，能以光明普照十方，得自在慧以破諸魔；得自在智，獲自然智，得無生智，能不隨他得不斷辯才，盡未來際得如意足受無量命；樂聲聞者示聲聞乘，樂辟支佛者示辟支佛乘，樂大乘者為示大乘；通達聲聞法而不入聲聞道，通達辟支佛法而不入辟支佛道，通達佛法而不畢竟滅盡；示現聲聞形色威儀而內不離佛菩提心，示現辟支佛形色威儀而內不離佛大悲心；以如幻三昧力示現如來形色威儀，以善根力示現在於兜率天上、現受後身入於胞胎、初生、出家、坐佛道場，以深慧力現轉法輪，以方便力現入涅槃，以三昧力現分舍利，以本願力現法滅盡？唯然！世尊！行何三昧，能令菩薩示現如是諸功德事，而不畢竟入於涅槃？」

佛告堅意菩薩言：「善哉！善哉！堅意！能問如來如是之義，當知汝能多所饒益安樂眾生，憐愍世間利安天人，今世後世菩薩蒙益；當知汝已深種善根，供養親近過去無量百千億佛，遍行諸道降魔怨敵，於佛法中得自在智，教化守護諸菩薩衆，已知一切諸佛法藏，曾於恒河沙等佛所成就問答。堅意！如來於此衆會之中，不見天、龍、夜叉、乾闥婆及諸聲聞、求辟支佛者能作是問，唯有汝等大莊嚴者乃能啟發如是之問。汝今諦聽善思念之！吾當為汝說諸菩薩成就三昧，得是功德復過於此。」

堅意白佛言：「願樂欲聞！」

佛告堅意：「有三昧名首楞嚴，若有菩薩得是三昧，如汝所問，皆能示現於般涅槃而不永滅；示諸形色而不壞色相；遍遊一切諸佛國土，而於國土無所分別；悉能得值一切諸佛，而不分別平等法性；示現遍行一切諸行，而能善知諸行清淨；於諸天、人最尊最上，而不自高憍慢放逸；現行一切魔自在力，而不依猗魔所行事；遍行一切三界之中，而於法相無所動轉；示現遍生諸趣道中，而不分別有諸道相；善能解說一切法句，以諸言辭開示其義，而知文字入平等相，於諸言辭無所分別；常在禪定而現化衆生，行於盡忍無生法忍，而說諸法有生滅相，獨步無畏猶如師子。」

爾時，會中諸釋、梵、護世天王、一切大衆，皆作是念：「我等猶尚未曾聞是三昧名字，何況得聞解說其義！今來見佛快得善利，皆共得聞說首楞嚴三昧名字。若善男子、善女人求佛道者，聞首楞嚴三昧義趣信解不疑，當知是人必於佛道不復退轉，何況信已受持讀誦、為他人說、如說修行！」

時諸釋、梵、護世天王皆作是念：「我等今當為佛如來敷師子座、正法座、大上人座、大莊嚴座、大轉法輪座，當令如來於我此座說首楞嚴三昧。」是中人人各各自謂：「唯我為佛敷師子座，餘人不能。」

爾時，釋、梵、護世天王各為如來敷師子座，莊挍清淨端嚴高顯，無量寶衣以敷其上，悉皆張施衆妙寶蓋，又以衆寶而為欄楯，於座左右無量寶樹枝葉間錯行列相當，垂諸幢幡張大寶*帳，衆寶交絡懸諸寶鈴，衆妙雜華以散其上，諸天雜香燒以熏之，金銀衆寶光明間錯，種種嚴淨靡不具有。須臾之間於如來前，有八萬四千億那由他寶師子座，悉於衆會無所妨礙。一一天子不見餘座，各作是念

：「我獨為佛敷師子座，佛當於我所敷座上說首楞嚴三昧。」

時，諸釋、梵、護世天王敷座已竟，各白佛言：「唯願如來坐我座上說首楞嚴三昧！」

即時，世尊現大神力，遍坐八萬四千億那由他師子座上；諸天各各見佛坐其所敷座上，不見餘座。

有一帝釋語餘釋言：「汝觀如來坐我座上。」

如是釋、梵、護世天王各相謂言：「汝觀如來坐我座上。」

有一釋言：「如來今者但坐我座，不在汝座。」

爾時，如來以諸釋、梵、護世天王宿緣應度，又欲少現首楞嚴三昧勢力，亦為成就大乘行故，令諸眾會皆見如來遍在八萬四千億那由他寶師子座。一切大眾皆大歡喜得未曾有，各從座起合掌禮佛，咸作是言：「善哉！世尊！威神無量，令諸天子各滿所願。」

其諸天子所為如來施設座者，見佛神力皆發阿耨多羅三藐三菩提心，俱白佛言：「世尊！我等為欲供養如來，滅除一切衆生苦惱，守護正法不斷佛種，是故皆發阿耨多羅三藐三菩提心，願令我等於未來世*住佛如是威神之力，如今如來所作變現。」

爾時，佛讚諸天子言：「善哉！善哉！如汝所說，為欲利益一切衆生，發阿耨多羅三藐三菩提心，是為第一供養如來。」

時梵衆中有一梵王名曰等行，白佛言：「世尊！何等如來為是真實？我座上是？餘座上是？」

佛告等行：「一切諸法皆空如幻，從和合有無有作者，皆從憶想分別而起，無有主故隨意而出。是諸如來皆是真實。云何為實？是諸如來本自不生，是故為實；是諸如來今後亦無，是故為實；是諸如來非四大攝，是故為實；諸陰、入、界皆所不攝，是故為實；是諸如來如先、中、後等無差別，是故為實。梵王！是諸如來等無差別。所以者何？是諸如來以色如故等，以受、想、行、識如故等，以是故等；是諸如來以過去世如故等，以未來世如故等，以現在世如故等，以如幻法故等，以如影法故等，以無所有法故等，以無所從來、無所從去故等，是故如來名為平等。如一切法等，是諸如來亦復如是；如一切衆生等，是諸如來亦復如是；如諸一切世間佛等，是諸如來亦復如是；如一切世間等，是諸如來亦復如是；是故諸佛名為平等。梵王！是諸如來不過一切諸法如故，名為平等。梵王！當知如來悉知一切諸法如是平等，是故如來於一切法名為平等。」

等行梵王白佛言：「未曾有也！世尊！如來得是諸法等已，以妙色身示現衆生。」

佛言：「梵王！是皆首楞嚴三昧本行勢力之所致也！以是事故，如來得此諸法等已，以妙色身示現衆生。」

說是法時，等行梵王及萬梵天，於諸法中得柔順忍。

爾時，如來還攝神力，諸佛及座皆不復現，一切衆會唯見一佛。

爾時，佛告堅意菩薩：「首楞嚴三昧非初地、二地、三地、四地、五地、六地、七地、八地、九地菩薩之所能得，唯有住在十地菩薩乃能得是首楞嚴三昧。

「何等是首楞嚴三昧？謂修治心猶如虛空[一]·，觀察現在眾生諸心[二]·，分別眾生諸根利鈍[三]·，決定了知眾生因果[四]·，於諸業中知無業報[五]·，入種種樂欲，入已不忘[六]·，現知無量種種諸性[七]·，常能遊戲華音三昧，能示眾生金剛心三昧，一切禪定自在隨意[八]·，普觀一切所至諸道[九]·，於宿命智得無所礙[十]·，天眼無障[十一]·，得漏盡智，非時不證[十二]·，於色、無色得等入智[十三]·，於一切色示現遊戲[十四]·，知諸音聲猶如響相[十五]·，順入念慧[十六]·，能以善言悅可眾生[十七]·，隨應說法[十八]·，知時非時[十九]·，能轉諸根[二十]·，說法不虛[二十一]·，順入真際[二十二]·，善能攝伏眾生之類[二十三]·，悉能具足諸波羅蜜[二十四]·，威儀進止未曾有異[二十五]·，破諸憶想虛妄分別[二十六]·，不壞法性盡其邊際[二十七]·，一時現身住一切佛所[二十八]·，能持一切佛所說法[二十九]·，普於一切諸世間中自在變身猶如影現[三十]·，善說諸乘度脫眾生，常能護持三寶不絕[三十一]·，發大莊嚴盡未來際，而心未曾有疲倦想[三十二]·，普於一切諸所生處，常能現身隨時不絕[三十三]·，於諸生處示有所作[三十四]·，善能成就一切眾生[三十五]·，善能識知一切眾生[三十六]·，一切二乘不能測量[三十七]·，善能具知諸音聲分[三十八]·，能使一切諸法熾盛[三十九]·，能使一劫作阿僧祇劫[四十]·，何僧祇劫使作一劫[四十一]·，能使一國入阿僧祇國[四十二]

；阿僧祇國使入一國四十三；無量佛國入一毛孔四十四；一切眾生示入一身四十五；了諸佛土同如虛空四十六；身能遍至無餘佛土四十七；使一切身入於法性皆使無身四十八；一切法性通達無相四十九；善能了知一切方便五十；一音所說悉能通達一切法性五十一；演說一句能至無量阿僧祇劫五十二；善觀一切法門差別五十三；知善同異略廣說法五十四；善知出過一切魔道五十五；放大方便智慧光明五十六；身、口、意業智慧為首五十七；無行神通常現在前五十八；以四無礙智，能令一切眾生歡喜五十九；現神通力通一切法性六十；能以攝法普攝眾生六十一；解諸世間眾生語言六十二；於如幻法無有所疑六十三；一切生處遍能自在六十四；所須之物隨意無乏六十五；自在示現一切眾生六十六；於善惡者皆同福田六十七；得入一切菩薩密法六十八；常放光照無餘世界六十九；其智深遠無能測者七十；其心猶如地、水、火、風七十一；善於諸法章句言辭而轉法輪七十二；於如來地無所障礙七十三；自然而得無生法忍七十四；得如實心，諸煩惱垢所不能污七十五；使一切水入一毛孔，不嬈水性七十六；修集無量福德善根七十七；善知一切方便迴向七十八；善能變化，遍行一切諸菩薩行七十九；佛一切法心得安隱八十；已得捨離宿業本身八十一；能入諸佛祕密法藏八十二；示現自恣，遊戲諸欲八十三；

聞無量法，具足能持[八十四]，求一切法，心無厭足[八十五]，順諸世法而不染污[八十六]，於無量劫為人說法，皆令調如從旦至食[八十七]，示現種種癃殘、跛蹇、聾盲、瘖瘂以化眾生[八十八]，百千密跡金剛力士常隨護侍[八十九]，自然能觀知諸佛道[九十]，能於一念示受無量無數劫壽[九十一]，現行一切二乘儀法，而內不捨諸菩薩行[九十二]，其心善寂空無有相[九十三]，於眾伎樂現自娛樂，而內不捨念佛三昧[九十四]，若見若聞及觸共住，皆能成就無量眾生[九十五]，能於念念示成佛道，隨本所化令得解脫[九十六]，示現入胎初生[九十七]，出家成就佛道[九十八]，轉於法輪[九十九]，入大滅度而不永滅[一百]。

「堅意！首楞嚴三昧如是無量，悉能示佛一切神力，無量眾生皆得饒益。堅意！首楞嚴三昧不以一事、一緣、一義可知，一切禪定、解脫、三昧、神通、如意、無礙智慧，皆攝在首楞嚴中。譬如陂泉江河諸流皆入大海，如是菩薩所有禪定，皆在首楞嚴三昧。譬如轉輪聖王有大勇將，諸四種兵皆悉隨從。堅意！如是所有三昧門、禪定門、辯才門、解脫門、陀羅尼門、神通門、明解脫門，是諸法門悉皆攝在首楞嚴三昧，隨有菩薩行首楞嚴三昧，一切三昧皆悉隨從。堅意！譬如轉輪聖王行時，七寶皆從。如是，堅意！首楞嚴三昧，一切助菩提法皆悉隨從，是故此三昧名為首楞嚴。」

佛告堅意：「菩薩住首楞嚴三昧，不行求財而以布施，大千世界及諸大海、天宮，人間所有寶物、飲食、衣服、象馬、車乘，如是等物自在施與，此皆是本功德所致，況以神力隨意所作！是名菩薩住首楞嚴三昧檀波羅蜜本事果報。」

佛告堅意：「菩薩住首楞嚴三昧，不復受戒，於戒不動。為欲化導諸衆生故，現受持戒行諸威儀，示有所犯滅除過罪，而內清淨常無闕失。為欲教化諸衆生故，生於欲界作轉輪王，諸婇女衆恭敬圍遶，現有妻子五欲自恣，而內常在禪定淨戒，善能了見三有過患。堅意！是名菩薩住首楞嚴三昧尸波羅蜜本事果報。」

佛告堅意：「菩薩住首楞嚴三昧，修行忍辱畢竟盡故，衆生不生而修於忍，諸法不起而修於忍，心無形色而修於忍，不得彼我而修於忍，不念生死而修於忍，以涅槃性而修於忍，不壞法性而修於忍。菩薩如是修行忍辱，而無所修亦無不修。為化衆生生於欲界，現有瞋恨而內清淨，現行遠離而無遠近；為淨衆生壞世威儀，而未曾壞諸法之性；現有所忍，而無有法常定不壞可以忍者。菩薩成就如是忍辱，為斷衆生多瞋惡心，而常稱歎忍辱之福，亦復不得瞋恚、忍辱。堅意！是名菩薩住首楞嚴三昧羼提波羅蜜本事果報。」

佛告堅意：「菩薩住首楞嚴三昧，發大精進得諸善法，而不發動身、口、意業；為懈怠者現行精進，欲令衆生隨効我學，而於諸法無發無受。所以者何？菩薩悉知一切諸法，常住法性不來不去；如是遠離身、口、意行，而能示現發行精進，亦不見法有成就者。現於世間發行精進，而於內外無所作為；常能往來無量佛國，而於身相平等不動；示現發行一切善法，而於諸法不得善惡；現行求法有所諮受，而於佛道不隨他教；現行親近和上諸師，而為一切諸天人尊；現勤請問，而內自得無障礙辯；現行恭敬，而為一切天、人戴仰；現入胞胎，而於諸法無所染污；現有出生，而於諸法不見生滅；現為小兒，而身諸根悉皆具足；現行伎藝、醫方、呪術、文章、算數、工巧事能，而內先來皆悉通達；現有病苦，而已永離諸煩惱患；示現衰老，而於先來諸根不壞；示現有死，而未曾有生滅退失。

堅意！是名菩薩住首楞嚴三昧精進波羅蜜本事果報。」

佛告堅意：「菩薩住首楞嚴三昧，雖知諸法常是定相，而示衆生諸禪差別；現身住禪化亂心者，而於諸法不見有亂；一切諸法如法性相，以調伏心於禪不動；現諸威儀來去坐臥，而常寂然在於禪定；示同衆人有所言說，而常不捨諸禪定相；慈愍衆生入於城邑、聚落、郡國，而常在定；為欲饒益諸衆生故，現有所食而常在定。其身堅牢猶若金剛，內實不虛不可破壞，其內無有生藏、熟藏、大小便利、臭穢不淨；現有所食而無所入，但為慈愍饒益衆生，於一切處無有過患；現行一切凡夫所行，而實無行，已過諸行。堅意！菩薩住首楞嚴三昧，現在空閑，聚落無異；現在居家，出家無異；現為白衣而不放逸；現為沙門而不自高；於諸外道出家法中，為化衆生而無所出家；不為一切邪見所染，亦不於中謂得清淨；現行一切外道儀法，而不隨順其所行道。堅意！譬如導師，將諸人衆，過嶮道已還度餘人。如是，堅意！菩薩住首楞嚴三昧，隨諸衆生所發道意，若聲聞道、若辟支佛道、若發佛道，隨宜示導令得度已，即復來還度餘衆生，是故大士名為導師。譬如牢船，從於此岸度無量人令至彼岸，至彼岸已還度餘人。如是，堅意！菩薩住首楞嚴三昧，見諸眾生墮生死水四流所漂，為欲度脫令得出故，隨其所種善根成就，若見可以緣覺度者，即為現身示涅槃道；若見可以聲聞度者，為說寂滅共入涅槃；首楞嚴三昧力故，還復現生度脫餘人，是故大士名為船師。堅意！譬如幻師，於多眾前自現身死膖脹爛臭，若火所燒、鳥獸所食，於眾人前如是現身，得財物已而便還起，以其善能學幻術故。菩薩如是住首楞嚴三昧，為化眾生示現老死，而實無有生老病死。堅意！是名首楞嚴三昧禪波羅蜜本事果報。」

佛告堅意：「菩薩住首楞嚴三昧，修行智慧諸根猛利，未曾見有眾生之性，而為欲化故說有眾生；不見壽者、命者，說有壽者、命者；不得業性及業報性，而示眾生有業、業報；不得生死諸煩惱性，而說當知見生死煩惱；不見涅槃，而說至涅槃；不見諸法有差別相，而說諸法有善、不善；已能度至無礙智岸，現生欲界而不著欲界，現行色界禪而不著色界，現入無色定而生於色界，現行色界禪而生於欲界，現於欲界而不行欲界行；悉知諸禪及知禪分，自在皆能入禪、出禪；

為化眾生隨意所生，一切生處悉能受身；常能成就深妙智慧，除斷一切眾生諸行；為化眾生現有所行，而於諸法實無所行，皆已出過一切諸行；久已滅除我、我所心，而示現受諸所須物。菩薩成就如是智慧，有所施作皆隨智慧，而未曾為業果所污；為化眾生示現瘖瘂，而內實有微妙梵音；通達語言經書彼岸，不先思量當說何法，隨所至眾所說皆妙，悉能令喜心得堅固；隨其所應而為說法，而是菩薩智慧不減。堅意！譬如男女若大若小，隨所持器行詣水所，若泉、若池、渠河、大海，隨器大小各滿而歸，而此諸水無所減少。如是，堅意！菩薩住首楞嚴三昧，隨所至眾，若剎利眾、婆羅門眾，若居士眾、釋眾、梵眾，至是諸眾不加心力，能以善言皆令喜悅，隨宜所應而為演法，然其智辯無所減少。堅意！是名菩薩住首楞嚴三昧般若波羅蜜本事果報。」

佛告堅意：「菩薩住首楞嚴三昧，眾生見者皆得度脫；有聞名字，有見威儀，有聞說法，有見默然，而皆得度。堅意！譬如大藥樹王名為憙見，有人見者病皆得愈。如是，堅意！菩薩住首楞嚴三昧，眾生見者，貪、恚、癡病皆得除愈。

如大藥王名曰滅除，若鬪戰時用以塗鼓，諸被箭射、刀矛所傷，得聞鼓聲箭出毒除。如是，堅意！菩薩住首楞嚴三昧，有聞名者，貪、恚、癡箭自然拔出，諸邪見毒皆悉除滅，一切煩惱不復動發。堅意！譬如藥樹名為具足，有人用根病得除愈，莖、節、心、皮、枝、葉、花、果皆能除愈，若生、若乾、若段段截悉能除愈眾生諸病。菩薩住首楞嚴三昧亦復如是，於諸眾生無時不益，常能滅除一切眾患，謂以說法兼行四攝、諸波羅蜜，令得度脫；若人供養、若不供養，有益、無益，而是菩薩皆以法利令得安隱。乃至身死有食肉者，若諸畜生二足、四足及諸鳥獸、人與非人，是諸眾生皆以菩薩戒願力故，死得生天，常無病痛衰惱諸患。堅意！住首楞嚴三昧菩薩猶如藥樹。」

佛告堅意：「菩薩住首楞嚴三昧，六波羅蜜世世自知不從他學，舉足下足、入息出息，念念常有六波羅蜜。何以故？堅意！如是菩薩身皆是法，行皆是法。堅意！譬如有王若諸大臣，百千種香擣以為末，若有人來索中一種，不欲餘香共相熏雜。堅意！如是百千眾香末中，可得一種不雜餘不？」

「不也！世尊！」

「堅意！是菩薩以一切波羅蜜熏身心故，於念念中常生六波羅蜜。堅意！菩薩云何於念念中生六波羅蜜？堅意！是菩薩一切悉捨，心無貪著，是檀波羅蜜；心善寂滅，畢竟無惡，是尸波羅蜜；知心盡相，於諸塵中而無所傷，是羼提波羅蜜；勤觀擇心，知心離相，是毘梨耶波羅蜜；畢竟善寂，調伏其心，是禪波羅蜜；觀心知心，通達心相，是般若波羅蜜。堅意！菩薩住首楞嚴三昧，如是法門念念皆有六波羅蜜。」

爾時，堅意菩薩白佛言：「未曾有也！世尊！菩薩成就首楞嚴三昧，其所施行不可思議。世尊！若諸菩薩欲行佛行，當學是首楞嚴三昧。何以故？世尊！是菩薩現行一切諸凡夫行，而於其心無貪、恚、癡。」

於時衆中有大梵王名曰成慈，白佛言：「世尊！若菩薩欲行一切諸凡夫行，當學首楞嚴三昧。何以故？是菩薩現行一切諸凡夫行，而心無有貪、恚、癡行。」

佛言：「善哉！善哉！成慈！如汝所說，若菩薩欲行一切諸凡夫行，當學首楞嚴三昧，不念一切諸所學故。」

堅意菩薩白佛言：「世尊！菩薩欲學首楞嚴三昧，當云何學？」

佛告堅意：「譬如學射，先射大準；射大準已，學射小準；射小準已，次學射的；學射的已，次學射杖；學射杖已，學射百毛；射百毛已，學射十毛；射十毛已，學射一毛；射一毛已，學射百分毛之一分；能射是已，名為善射，隨意不空。是人若欲於夜闇中所聞音聲若人非人，不用心力射之皆著。如是，堅意！菩薩欲學首楞嚴三昧，先當學愛樂心；學愛樂心已，當學深心；學深心已，當學大慈；學大慈已，當學大悲；學大悲已，當學四聖梵行，所謂慈、悲、喜、捨；學四聖梵行已，當學報得最上五通常自隨身；學是通已，爾時便能成就六波羅蜜；成就六波羅蜜已，便能通達方便；通達方便已，得住第三柔順忍；住第三柔順忍已，得無生法忍；得無生法忍已，諸佛授記；諸佛授記已，能入第八菩薩地；入第八菩薩地已，得諸佛現前三昧；得諸佛現前三昧已，常不離見諸佛；常不離見諸佛已，能具足一切佛法因緣；具足一切佛法因緣已，能起莊嚴佛土功德；能起莊嚴佛土功德已，能具生家種姓；能具生家種姓已，入胎出生；入胎出生已，能具十地；具十地已，爾時便得受佛職號；受佛職號已，便得一切菩薩三昧；得一切菩薩三昧已，然後乃得首楞嚴三昧；得首楞嚴三昧已，能為眾生施作佛事，而亦不捨菩薩行法。堅意！菩薩若學如是諸法，則得首楞嚴三昧。菩薩已得首楞嚴三昧，則於諸法無所復學。何以故？先已善學一切法故。譬如學射，能射一毛分，不復學餘。所以者何？先已學故。如是，堅意！菩薩住首楞嚴三昧，於一切法無所復學，一切三昧、一切功德皆已學故。」

爾時，堅意菩薩白佛言：「世尊！我今欲說譬喻，唯願聽許！」

佛言：「便說。」

「世尊！譬如三千大千世界大梵天王，自然普能遍觀三千大千世界不加功力；如是菩薩住首楞嚴三昧，於一切法自然能觀不用功力，又亦能知一切眾生心、心所行。」

佛告堅意：「如汝所說，若菩薩住首楞嚴三昧者，悉知一切諸菩薩法、一切佛法。」

爾時，會中有天帝釋名持須彌頂，於此三千大千世界最在邊外，白佛言：「世尊！譬如住於須彌山頂，悉能覩見一切天下；菩薩如是住首楞嚴三昧，於諸聲聞、辟支佛行及諸一切衆生之行，自然能觀。」

爾時，堅意菩薩問是持須彌頂釋言：「汝從何許四天下來？住何須彌山頂？」是釋報言：「善男子！若有菩薩得首楞嚴三昧，不應問其所住處也。所以者何？如此菩薩，一切佛國皆是住處，而不著住處、不得住處、不見住處。」

堅意問言：「仁者得是首楞嚴三昧耶？」

釋言：「是三昧中寧復有得、不得相耶？」

堅意言：「不也！」

釋言：「善男子！當知菩薩行是三昧，於諸法中都無所得。」

堅意言：「如汝辯者，必已得是首楞嚴三昧。」

釋言：「善男子！我不見法有所住處，於一切法無所住者，乃得首楞嚴三昧。善男子！住是三昧，則於諸法都無所住，若無所住即無所取，若無所取即無所說。」

爾時，佛告堅意菩薩：「汝見是持須彌山釋不？」

「已見！世尊！」

「堅意！是釋自然隨意，能得首楞嚴三昧；住是三昧，於此三千大千世界諸帝釋宮皆能現身。」

爾時，此間釋提桓因白佛言：「世尊！若持須彌山釋於諸釋宮能現身者，我於一切帝釋處所，何故不見？」

爾時，持須彌山釋語此釋言：「憍尸迦！若我今以實身示汝，汝於宮殿不復喜樂；我常至汝所住宮殿，汝不見我。」

爾時，釋提桓因白佛言：「世尊！我欲見此大士成就妙身。」

佛言：「憍尸迦！汝欲見耶？」

「世尊！願樂欲見。」

佛語持須彌山釋言：「善男子！汝示此釋真實妙身。」彼釋即現真實妙身。爾時，會中其諸釋、梵、護世天王、聲聞、菩薩，不得首楞嚴三昧者，身皆不現猶若聚墨；持須彌山釋身如須彌山王，高大巍巍光明遠照，爾時佛身倍更明顯。

釋提桓因白佛言：「未曾有也！世尊！今此大士身色清淨殊妙難及，是諸釋、梵、護世天王身皆不現猶如聚墨。世尊！我於須彌山善妙堂上，著釋迦毘楞伽摩尼瓔珞，以是光明一切天眾身皆不現；我今以此大士光明身不復現，所著寶瓔珞亦無光色。」

佛告釋提桓因：「憍尸迦！若此三千大千世界滿中釋迦毘楞伽摩尼珠，更有照明諸天摩尼珠能令此珠皆不復現。憍尸迦！若此三千大千世界滿中照明諸天摩尼珠，更有金剛明摩尼珠能令此珠皆不復現。憍尸迦！若此三千大千世界滿中金剛明摩尼珠，更有諸明集摩尼珠能令此珠皆不復現。憍尸迦！汝見是釋所著諸明集摩尼珠不？」

「已見！世尊！但為此珠其光猛盛，我眼不堪。」

佛告憍尸迦：「若有菩薩得首楞嚴三昧，或作帝釋，皆著如是摩尼瓔珞。」

爾時，釋提桓因白佛言：「世尊！諸有不發阿耨多羅三藐三菩提心者，不得如是清淨妙身，亦復失是首楞嚴三昧。」

於時瞿域天子語釋提桓因言：「諸聲聞人已入法位，雖復稱歎愛樂佛道，無能為也，已於生死作障隔故。若人已發阿耨多羅三藐三菩提心者，今發、當發，是人則應愛樂佛道，能得如是上妙色身。譬如有人從生而盲，雖復稱歎愛樂日月，然其不蒙日月光明；如是聲聞入法位者，雖復稱歎愛樂佛法，而佛功德於身無益。是故若欲得此妙身大智慧者，當發無上佛菩提心，便得如是上妙色身。」

瞿域天子說是語時，萬二千天子發阿耨多羅三藐三菩提心。

爾時，堅意菩薩問瞿域天子言：「行何功德轉女人身？」

答言：「善男子！發大乘者不見男女而有別異。所以者何？薩婆若心不在三界，有分別故有男有女。仁者所問：『行何功德轉女人身？』昔事菩薩心無諂曲。」

「云何而事？」

答言：「如事世尊。」

「云何其心而不諂曲？」

答言：「身業隨口，口業隨意，是名女人心無諂曲。」

問言：「云何轉女人身？」

答言：「如成。」

問言：「云何如成？」

答言：「如轉。」

問言：「天子！此語何義？」

答言：「善男子！一切諸法①不成不轉，諸法一味謂法性味。善男子！我隨所願有女人身，若使我身得成男子，於女身相不壞不捨。善男子！是故，當知是男是女俱為顛倒，一切諸法及與顛倒，悉皆畢竟離於二相。」

堅意菩薩問瞿域言：「汝於首楞嚴三昧知少分耶？」

答言：「善男子！我知他得身自不證。我念過世釋迦牟尼佛在淨飯王家為菩薩時，於宮殿內衆采女中夜半清淨，爾時東方恒河沙等諸梵王來，有問菩薩乘者，有問聲聞道者，菩薩各隨所問而答。於梵衆中有一梵王，不解菩薩所行方便，而作是言：『仁者乃有如是智慧善答所問，云何貪愛王位、色欲？』餘諸梵王了知菩薩智慧方便，語此梵言：『菩薩不貪王位、色欲，將為教化成就衆生，處在居家現為菩薩，而今他方成就佛道轉妙法輪。』是梵聞已而作是言：『得何三昧能作如是自在神變？』餘梵謂言：『是首楞嚴三昧勢力。』善男子！我於爾時而作是念：『菩薩住三昧，神力感應至未曾有，處在愛欲領理國事，而能不離如是三昧。』我聞此已倍加恭敬，於菩薩所生世尊想，深發阿耨多羅三藐三菩提心，願於來世亦當成就如是功德。善男子！我所見者如是少分，我唯知此首楞嚴三昧當有無量不可思議功德勢力。」

堅意白佛言：「希有！世尊！是瞿域天子深心說此，皆是如來為作，善知識常所守護故。世尊！瞿域天子不久亦當住首楞嚴三昧，得是自在神變勢力，如今世尊所為無異。」

堅意菩薩白佛言：「世尊！今此會中寧有得是首楞嚴三昧者不？」爾時，會中有天子名現意，語堅意菩薩言：「譬如賈客入於大海，而作是言：『此大海中有摩尼珠，可持去不？』汝語似是。所以者何？於今如來大智海會，其中菩薩成就法寶發大莊嚴，汝在中坐而作是問：『於此會中寧有菩薩得是首楞嚴三昧者不？』堅意！今此會中自有菩薩得首楞嚴三昧現帝釋身，有現梵王身，有現諸天、龍、夜叉、乾闥婆、阿修羅、迦樓羅、緊那羅、摩睺羅伽身，有得首楞嚴三昧現比丘、比丘尼、優婆塞，優婆夷身，有得首楞嚴三昧以諸相好而自嚴身，自有菩薩為化眾生現作女身形色相貌，有現聲聞形色相貌，有現辟支佛形色相貌。堅意！如來自在隨所至眾，若刹利眾、婆羅門眾，若居士眾、釋眾、梵眾、諸護世眾，隨是諸眾普能示現形色相貌，當知皆是首楞嚴三昧本事果報。堅意！若見如來所說法處，當知此中則有無量諸大菩薩，大智自在發大莊嚴，於一切法自在行者，能隨如來轉法輪者。」

堅意菩薩白佛言：「世尊！我今謂是現意天子得此首楞嚴三昧，如其智慧辯才無礙，神通如是。」

佛言：「堅意！如汝所說，是現意天子已住首楞嚴三昧，通達是三昧故能作是說。」

爾時，佛告現意天子：「汝可示現首楞嚴三昧本事少分。」

現意天子語堅意言：「仁者！欲見首楞嚴三昧少勢力不？」

答言：「天子！願樂欲見。」

現意天子善得首楞嚴三昧力故，即現變應，今衆會者皆作轉輪聖王三十二相而自莊嚴，及諸眷屬、七寶侍從。天子問言：「汝見何等？」

堅意答言：「我見衆會皆作轉輪聖王色相，眷屬、七寶侍從。」

爾時，天子復現衆會皆作釋提桓因處忉利宮，百千天女作衆伎樂圍遶娛樂；復以神力，普令衆會皆作梵王色相威儀，在於梵宮行四無量。又問堅意：「汝見何等？」

答言：「天子！我見衆會皆是梵王。」復現神力，普令衆會皆作長老摩訶迦葉形色相貌，執持衣鉢入諸禪定，行八解脫皆無有異；復現神力，普令衆會皆如釋迦牟尼佛身相好威儀，各有比丘眷屬圍遶。又問堅意：「汝見何等？」

答言：「天子！我見大衆皆是釋迦牟尼佛身相好威儀，各有比丘眷屬圍遶。」

現意天子謂堅意言：「是為首楞嚴三昧自在勢力如是。堅意！菩薩得首楞嚴三昧，能以三千大千世界入芥子中，令諸山河、日月、星宿現皆如故，而不迫迮示諸衆生。堅意！首楞嚴三昧不可思議勢力如是。」

爾時，諸大弟子及諸天、龍、夜叉、乾闥婆、釋、梵、護世天王，同聲白佛言：「世尊！若人得是首楞嚴三昧，是人功德不可思議。所以者何？是人則為究竟佛道，成就智慧神通諸明。我等今日於一座上，普見衆會種種色相若干變現，我等惟念：『若人不聞首楞嚴三昧，當知是為魔所得便；若得聞者，當知是人諸佛所護，何況聞已隨說行者！』世尊！菩薩若欲通達佛法至於彼岸，當一心聽首楞嚴三昧，受持讀誦、為他人說。世尊！菩薩若欲普現一切形色威儀，欲悉普知一切衆生心、心所行，又欲普知一切衆生隨病與藥，當善聽是三昧法寶，受持讀誦。世尊！若人得是首楞嚴三昧，當知是人入佛境界，智慧自在。」

佛言：「如是！如是！如汝等說。若人不得首楞嚴三昧，不得名為深行菩薩，如來不謂此人具足布施、持戒、忍辱、精進、禪定、智慧。是故，汝等若欲遍行一切道者，當學得是首楞嚴三昧，不念一切諸所學故。」

爾時，堅意菩薩問現意天子言：「菩薩若欲得是三昧，當修行何法？」

天子答言：「菩薩若欲得是三昧，當修行凡夫法。若見凡夫法、佛法不合不散，是名修集首楞嚴三昧。」

堅意問言：「於佛法中有合散耶？」

天子答言：「凡夫法中尚無合散，何況佛法！」

「云何名修行？」

「若能通達諸凡夫法、佛法無二，是名修集，而實此法無合無散。善男子！

一切法集無生相故，一切法集無壞相故，一切法集虛空相故，一切法集無受相故。」

堅意復問：「首楞嚴三昧去至何所？」

天子答言：「首楞嚴三昧去至一切眾生心行，而亦不緣心行取相；去至一切諸所生處，而亦不為生處所污；去至一切世界佛所，而不分別佛身相好；去至一切音聲語言，而不分別諸文字相；普能開示一切佛法，而不至於畢竟盡處。善男子！問是三昧至何處者，隨佛所至，是三昧者亦如是至。」

堅意問言：「佛至何處？」

天子答言：「佛如如故，至無所至。」

又問：「佛不至涅槃耶？」

答言：「一切諸法究竟涅槃，是故如來不至涅槃。所以者何？涅槃性故，不至涅槃。」

又問：「過去恒河沙等諸佛，不至涅槃耶？」

答言：「恒沙諸佛為是生耶？」

堅意言：「如來所說，恒沙諸佛生已滅度。」

天子言：「善男子！如來不云：『一人出世，多所饒益安樂眾生。』於意云何？如來為定得諸眾生有生滅耶？」

答言：「天子！如來於法不得生滅。」

「善男子！當知如來雖說諸佛出於世間，於如來相而實無生；雖說諸佛至於涅槃，於如來相而實無滅。」

又問：「今現無量如來得成道不？」

答言：「如來無生無滅相，如是成道。善男子！若諸佛出、若入涅槃，無有差別。所以者何？如來通達一切諸法是寂滅相，是名為佛。」

又問：「若一切法畢竟寂滅，涅槃相者可通達耶？」

答言：「如一切法畢竟寂滅同涅槃相，通達相者亦復如是。善男子！如來不以生、住、滅出，無生、住、滅是名佛出。」

堅意問言：「汝住首楞嚴三昧，能作如是說耶？」

答言：「善男子！於意云何？如來化人，住何法中而有所說？」
堅意答言：「乘佛神力能有所說。」
又問：「佛住何處而作化人？」
答言：「佛住不二神通而作化人。」
天子言：「如如來住不住法而作化人，諸化人亦住不住法而有所說。」
堅意言：「若無所住，云何有說？」
天子言：「如無所住，說亦如是。」
又問：「菩薩云何具足樂說辯才？」
答言：「菩薩不以我相、不以彼相、不以法相而有所說，是名具足樂說辯才。隨所說法，文字相不盡，法相亦不盡；如是說者不以二說，是名具足樂說辯才。又，善男子！若菩薩不捨諸法幻相，於諸音聲不捨響相，是名具足樂說辯才。又如諸文字、音聲語言，無處無方、無內無外，無有所住，從衆緣有；一切諸法亦復如是，無處無方、無內無外，亦無所住，非是過去、未來、現在，不為文字言辭所表，內自通達而有所說，是名具足樂說辯才。譬喻如響，一切音聲皆隨響相而有所說。」

堅意問言：「隨義云何？」

「善男子！隨虛空是隨義，如虛空無所隨，一切*諸法亦無所隨。諸法無比無有譬喻，為有得者言有所隨。」

爾時，世尊讚天子言：「善哉！善哉！如汝所說，菩薩於此不應驚怖。所以者何？若有所隨，不得阿耨多羅三藐三菩提。」

堅意菩薩白佛言：「世尊！是現意天子從何佛土來至此間？」

天子謂言：「問作何等？」

堅意答言：「我今欲*向彼方作禮，以是大士遊行住處。」

天子謂言：「若人手得是首楞嚴三昧者，一切世間諸天人民皆應禮敬。」

爾時，佛告堅意菩薩：「是現意天子從阿閦佛妙喜世界來至於此，是人於彼常說首楞嚴三昧。堅意！一切諸佛無有不說首楞嚴三昧者。堅意！是現意天子於此娑婆世界當得成佛；是人欲斷此五濁惡，取淨佛土教化眾生，修習增長首楞嚴故來至於此。」

堅意白佛言：「今此天子，幾時當於此間世界得成佛道？其號云何？世界何名？」

佛言：「是天子者，過是賢劫千佛滅已，六十二劫無復有佛，中間但有百千萬億辟支佛出，其中眾生得種善根；過是劫已，當得成佛號淨光稱王如來，世界爾時名為淨見。於時淨光稱王如來，能令眾生心得清淨，世界眾生不為貪欲、瞋恚、愚癡所覆，得法淨信皆行善法。堅意！是淨光稱王佛壽十小劫，以三乘法度脫眾生，其中無量無邊菩薩得首楞嚴三昧，於諸法中得自在力。爾時，魔若魔民皆修大乘慈愍眾生，其佛國土無三惡道及諸難處，莊嚴清淨如欝單越，無眾魔事離諸邪見；佛滅度後法住千萬億歲。堅意！是天子者，當於如是清淨國土而成佛道。」

爾時，堅意菩薩謂天子言：「汝得大利，如來授汝阿耨多羅三藐三菩提記。」

天子答言：「善男子！於一切法若無所得是名大利，於法有得是則無利。善男子！是故，當知若不得法是名大利。」

說是法時，二萬五千天子曾於先世殖衆德本，皆發阿耨多羅三藐三菩提心；有萬菩薩得無生忍。

佛說首楞嚴三昧經卷上

佛說首楞嚴三昧經卷下

後秦龜茲國三藏鳩摩羅什譯

爾時，舍利弗白佛言：「世尊！未曾有也！今說首楞嚴三昧，而是惡魔不來嬈亂。」

佛告舍利弗：「汝欲見魔衰惱事不？」

「唯然！欲見！」

爾時，佛放眉間白毫大人相光，一切衆會皆見惡魔被五繫縛不能自解。

佛告舍利弗：「汝見惡魔被五縛不？」

「唯然！已見！此惡魔者為誰所縛？」

佛言：「是首楞嚴三昧威神之力。在所佛土說首楞嚴三昧，其中諸魔欲以惡心作障礙者，首楞嚴三昧及與諸佛威神力故，其諸惡魔皆自見身被五繫縛。舍利弗！在所說首楞嚴三昧處，若我現在、若我滅後，其中所有諸魔、魔民，及餘人眾懷惡心者，以首楞嚴三昧威神力故，皆被五縛。」

爾時，會中天、龍、夜叉、乾闥婆等白佛言：「世尊！我等於此三昧心無有疑，不為障礙，我等不欲身被五縛。世尊！我等恭敬此三昧故，皆當往護說是法者，於是三昧生世尊想。」

佛告諸天、龍神：「汝以是故，當於十二見縛而得解脫。何等十二？我見縛、眾生見縛、壽命見縛、人見縛、斷見縛、常見縛、我作見縛、我所見縛、有見縛、無見縛、此彼見縛、諸法見縛，是為十二。汝等當知若有眾生於佛法中，起瞋恨心欲毀壞者，皆以住是十二見縛；若人信解隨順不逆，於此十二見縛當得解脫。」

爾時，舍利弗白佛言：「世尊！惡魔於今得聞說此首楞嚴三昧名不？」

佛言：「亦聞！以被縛故不能得來。」

舍利弗言：「如來何不以威神力，令魔不聞說首楞嚴三昧名字？」

佛言：「且止！勿作此語。假使恒河沙等世界滿中大火，為聞說此首楞嚴三昧當從中過。何以故？若人但聞說首楞嚴三昧，我說此人大得善利，勝得四禪生四梵處。舍利弗！若使惡魔今得聞說首楞嚴三昧名字，以此因緣當得出過一切魔事；若以被縛而得聞者，亦當於此十二見縛而得解脫。是故，舍利弗！邪見惡人入魔網者，尚應聞此首楞嚴三昧，何況淨心歡喜欲聞！」

爾時，會中有一菩薩名魔界行不汚，白佛言：「唯然！世尊！我今當現於魔界中，以自在神力令魔得住首楞嚴三昧。」

佛言：「隨意！」

時魔界行不汚菩薩即於會中忽然不現，現於魔宮語惡魔言：「汝寧不聞佛說首楞嚴三昧？無量衆生皆發阿耨多羅三藐三菩提心出汝境界，亦皆當復度脫餘人出汝境界。」

魔即報言：「我聞佛說首楞嚴三昧名字，以被五縛不能得往，所謂兩手、兩足及頭。」

又問惡魔：「誰繫汝者？」

魔即答言：「我適發心欲往壞亂聽受首楞嚴三昧者，即被五縛。我適復念：『諸佛、菩薩有大威德難可壞亂，我若往者或當自壞，不如自住於此宮殿。』作是念已，即於五縛而得解脫。」

菩薩答言：「如是一切凡夫，憶想分別、顛倒取相是故有縛，動念戲論是故有縛，見聞覺知是故有縛；此中實無縛者、解者。所以者何？諸法無縛，本解脫故；諸法無解，本無縛故。常解脫相無有愚癡，如來以此法門說法，若有眾生得知此義，欲求解脫勤心精進，則於諸縛而得解脫。」

時魔眾中七百天女，以天香華、末香、塗香及諸瓔珞，散魔界行不污菩薩，而作是言：「我當何時於魔境界而得解脫？」

菩薩報言：「汝等若能不壞魔縛，則得解脫。云何名為魔縛？謂六十二見。若人不壞此諸見者，即於魔縛而得解脫。」

天女復言：「云何名為不壞諸見而得解脫？」

答言：「諸見本無所從來，去無所至，若知諸見無去來相，即於魔縛而得解脫；諸見非有非無，若不分別有無，即於魔縛而得解脫。若無所見是為正見，如是正見無正無邪，若法無正無邪、無作無受，即於魔縛而得解脫。是諸見者，非內非外亦非中間，如是諸見亦復不念，則於魔縛而得解脫。」

七百天女聞說此法即得順忍，而作是言：「我等亦當於魔界中行無所污，度脫一切魔所縛者。」

爾時，魔界行不污菩薩語惡魔言：「汝諸眷屬已發阿耨多羅三藐三菩提心，汝作何等？」

惡魔答言：「我被五縛不知所作。」

菩薩答言：「汝發阿耨多羅三藐三菩提心，當從此縛而得解脫。」

時諸天女慈愍魔故，皆作是言：「可發阿耨多羅三藐三菩提心，勿於安隱生怖畏想，勿於樂中而生苦想，勿於解脫而生縛想。」

爾時，惡魔生諂曲心而作是言：「若汝捨離菩提心者，我當發心。」

時諸天女以方便力而謂魔言：「我等皆已捨離此心，汝便可發阿耨多羅三藐三菩提心。若一菩薩發菩提心，一切菩薩亦同是心。所以者何？心無差別，於諸衆生心皆平等。」

爾時，惡魔謂魔界行不污菩薩言：「我今當發阿耨多羅三藐三菩提心，以是善根令我縛解。」說此言已，即自見身從縛得解。

時魔界行不污菩薩以神通力放大光明，現淨妙身照於魔宮，魔自見身無有威光猶如墨聚。

時魔衆中二百天女深著婬欲，見此菩薩身色端正起染愛心，各作是言：「是人若能與我從事，我等皆當隨順其教。」

時此菩薩知諸天女宿緣應度，即時化作二百天子，色貌端嚴如身無異，又作二百寶交露臺勝魔宮觀。是諸天女皆自見身在此寶臺，各各自謂：「與此菩薩共相娛樂，所願得滿。」婬欲意息，皆生深心愛敬菩薩。菩薩即時隨其所應而為說法，皆發阿耨多羅三藐三菩提心。

時魔界行不汚菩薩謂惡魔言：「汝可詣佛。」

魔作是念：「我縛已解，當詣佛所壞亂說法。」

爾時，惡魔眷屬圍遶行詣佛所，白言：「世尊！勿復說是首楞嚴三昧。所以者何？說是三昧，我身即時被五繫縛，唯願如來更說餘事。」

時堅意菩薩謂惡魔言：「誰解汝縛？」

答言：「魔界行不汚菩薩解我繫縛。」

「汝許何事而得解縛？」

魔言：「我許發阿耨多羅三藐三菩提心。」

爾時，佛告堅意菩薩：「今是惡魔為解縛故發菩提心，非清淨意。如是，堅意！我滅度後後五百歲，多有比丘為利養故發菩提心，非清淨意。堅意！汝觀首楞嚴三昧勢力佛法威神，是諸比丘、比丘尼、優婆塞、優婆夷，以輕戲心、貪利養心、隨逐他心，聞是三昧而發菩提心，我皆知此心與阿耨多羅三藐三菩提得作因緣，何況聞是首楞嚴三昧，能以淨心發阿耨多羅三藐三菩提！當知此人於佛法中已得畢定。」

堅意菩薩白佛言：「世尊！今此惡魔聞說首楞嚴三昧，為解縛故發菩提心，亦得具足佛法因緣耶？」

佛言：「如汝所說，惡魔以是三昧福德因緣及發菩提心因緣故，於未來世得捨一切魔事、魔行、魔諂曲心、魔衰惱事，從今已後，漸漸當得首楞嚴三昧力，成就佛道。」

堅意菩薩謂惡魔言：「如來今已與汝授記。」

魔言：「善男子！我今不以清淨心發阿耨多羅三藐三菩提，如來何故與我授記？如佛言曰：『從心有業，從業有報。』我自無心求菩提道，如來何故與我授記？」

時佛欲斷衆會疑故，告堅意言：「菩薩授記凡有四種。何謂有四？有未發心而與授記，有適發心而與授記，有密授記，有得無生法忍現前授記，是謂為四。

唯有如來能知此事，一切聲聞、辟支佛所不能知。

「堅意！云何名為有未發心而與授記？或有眾生往來五道，若在地獄、若在畜生、若在餓鬼、若在天上、若在人間，諸根猛利好樂大法，佛知是人過此若干百千萬億阿僧祇劫，當發阿耨多羅三藐三菩提心；又於若干百千萬億阿僧祇劫，行菩薩道，供養若干百千萬億那由他佛，教化若干百千萬億無量眾生令住菩提；又過若干百千萬億阿僧祇劫，當得阿耨多羅三藐三菩提，號字如是，國土如是，聲聞眾數，壽命如是，滅後法住歲數如是。」

佛告堅意：「如來悉能了知此事復過於是，是名未發心而與授記。」

爾時，長老摩訶伽葉前白佛言：「從今以後，我等當於一切眾生生世尊想。所以者何？我等無有如是智慧，何等眾生有菩薩根？何等眾生無菩薩根？世尊！我等不知如是事故，或於眾生生輕慢心，則為自傷。」

佛言：「善哉！善哉！伽葉！快說此言！以是事故，我經中說：『人則不應妄稱量眾生。』所以者何？若妄稱量於他眾生，則為自傷；唯有如來，應量眾生及與等者。以是因緣，若諸聲聞及餘菩薩，於諸眾生應生佛想，適發心已得受記者。或自有人，久殖德本，修習善行，勤心精進，諸根猛利，好樂大法，有大悲心，普為眾生求解脫道。是人發心，即住阿惟越致入菩薩位，墮畢定數出過八難。如是等人適發心時，諸佛即與授阿耨多羅三藐三菩提記，名號如是，國土如是，壽命如是。如是等人，如來知心而與授記，是名發心即與授記。

「密授記者，自有菩薩未得受記，而常精勤求阿耨多羅三藐三菩提，樂種種施，樂一切施，受法堅固，持戒不捨，深發莊嚴，有大忍力，等心眾生，勤行精進求諸善法，身心不懈如救頭然，行念安隱能得四禪，樂求智慧行佛菩提，久行六度有成佛相。時餘菩薩、天、龍、夜叉、乾闥婆等，皆作是念：『如此菩薩勤心精進，實為希有，幾時當得阿耨多羅三藐三菩提？其號云何？國土何名？聲聞眾數多少云何？』佛為斷此眾生疑故而與授記，普令眾會皆得聞知，唯是菩薩獨不得聞。佛神力故，令一切眾知是菩薩成佛號字、國土如是、聲聞眾數多少如是，眾所疑者時悉決了，於此菩薩生世尊想，而是菩薩不能自知：我為得記、為未得記。是為菩薩密得受記。

「現前受記者，有菩薩久集善根無不見得，常修梵行觀無我、空，於一切法得無生忍。佛知此人功德、智慧悉已具足，則於一切天、人、魔、梵、沙門、婆羅門大衆之中，現前授記，作是言：『善男子！汝過若干百千萬億劫當得成佛，號字如是，國土如是，聲聞衆數，壽命如是。』時無數人隨効是人，皆發阿耨多羅三藐三菩提心。是人佛前得受記已，身昇虛空高七多羅樹。堅意！是名第四現前受記。」

爾時，堅意菩薩白佛言：「今此會中，寧有菩薩以此四事得受記不？」

佛答言：「有！」

「世尊！誰是？」

佛言：「此師子吼王菩薩、樂欲居士子，是未發心而得受記；如是等他方世界無數菩薩，亦未發心而得受記。復有寂滅菩薩、大德法王子菩薩、文殊師利法王子菩薩，如是無量諸菩薩等，適發心時即與授記，皆住阿惟越致地中。是中復有智勇菩薩、益意菩薩，如是無量諸菩薩等，密與授記。堅意！我及彌勒、賢劫千菩薩，皆得無生法忍現前受記。」

堅意菩薩白佛言：「希有！世尊！菩薩所行不可思議，受記亦不可思議，一切聲聞、諸辟支佛尚不能知，況餘衆生！」

佛言：「堅意！菩薩所行所發精進威神勢力不可思議。」

爾時，魔界行不汚菩薩所化天女令發阿耨多羅三藐三菩提心者，各以天華散於佛上，白佛言：「世尊！我等不樂密得受記，我等願得無生法忍現前受記，唯願世尊於今與我授阿耨多羅三藐三菩提記。」

佛時微笑，口出種種妙色光明，照諸世界還從頂入。

阿難白佛言：「世尊！何因故笑？」

佛告阿難：「汝今見是二百天女合掌敬禮如來者不？」

「已見！世尊！」

「阿難！是諸天女，已曾於昔五百佛所深種善根，從是已去當復供養無數諸佛，過七百阿僧祇劫已，皆得成佛號曰淨王。阿難！是諸天女命終之後得轉女身，皆當生於兜率天上，供養奉事彌勒菩薩。」

爾時，惡魔聞諸天女得受記已，白佛言：「世尊！我今自於所有眷屬不得自在，以聞說是首楞嚴三昧故，況餘聞者！若人得聞首楞嚴三昧，即得畢定住佛法中。」

爾時，天女以無怯心語惡魔言：「汝勿大愁！我等今者不出汝界。所以者何？魔界如即是佛界如，魔界如、佛界如不二不別，我等不離是如；魔界相即是佛界相，魔界法、佛界法不二不別，我等於此法相不出不過；魔界無有定法可示，佛界亦無定法可示，魔界、佛界不二不別，我等於此法相不出不過。是故，當知一切諸法無有決定，無決定故無有眷屬、無非眷屬。」

爾時，惡魔憂愁苦惱欲還天上，魔界行不汚菩薩謂惡魔言：「汝欲何去？」

魔言：「我今欲還所住宮殿。」

菩薩謂言：「不離是衆即是汝宮殿。」

爾時，惡魔即自見身處本宮殿。

菩薩語言：「汝見何等？」

惡魔答言：「我自見身處本宮殿，好林園池是我所有。」

菩薩語言：「汝今可以奉上如來。」

魔言：「可爾！」適作是語，即見如來、聲聞、菩薩，一切大衆皆在其中說首楞嚴三昧。

爾時，阿難白佛言：「世尊！佛所住處說首楞嚴三昧，有施食已佛得成道，此二施主何者福多？」

佛言：「阿難！施佛食已佛成阿耨多羅三藐三菩提，食已轉法輪，食已說首楞嚴三昧；此三食福無有差別。阿難！我於何處得阿耨多羅三藐三菩提？當知其處即是金剛。過去、未來、現在諸佛，皆於其中得成佛道，隨所住處說首楞嚴三昧，等無差別；及有讀誦、書寫之處，亦復如是。阿難！施佛食已初轉法輪，若有法師得施食已讀誦說是首楞嚴三昧，此二施福等無有異。又復，阿難！佛住精舍以十八種神通變化度脫衆生，復有精舍於中讀誦說是首楞嚴三昧；此二施處其福不異。」

爾時，阿難語惡魔言：「汝得大利，能以宮殿施佛令住。」

魔言：「是魔界行不污菩薩恩力所致。」

堅意菩薩白佛言：「世尊！是魔界行不污菩薩住首楞嚴三昧，神力自在乃如是乎？」

佛言：「堅意！如汝所說。今此菩薩住是三昧，能以神力隨意自在示現一切，行魔界行而能不為魔行所污；與諸天女現相娛樂，而實不受婬欲惡法。是善男子住首楞嚴三昧，現入魔宮，而身不離於佛會；現行魔界遊戲娛樂，而以佛法教化衆生。」

堅意菩薩白佛言：「世尊！如來住是首楞嚴三昧，能現幾所自在神力？善哉！世尊！願少演說！」

佛言：「堅意！我今住此首楞嚴三昧，於此三千大千世界，百億四天下、百億日月、百億四天王處、百億忉利天、百億夜摩天、百億兜率陀天、百億化樂天、百億他化自在天，乃至百億阿迦膩吒天、百億須彌山王、百億大海，是名三千大千世界。

「堅意！我住首楞嚴三昧，於此三千大千世界，或於閻浮提現行檀波羅蜜，或於閻浮提現行尸波羅蜜，或於閻浮提現行羼提波羅蜜，或於閻浮提現行毘梨耶波羅蜜，或於閻浮提現行禪波羅蜜，或於閻浮提現行般若波羅蜜；或於閻浮提現為五通神仙，或於閻浮提現在居家，或於閻浮提現行出家；或於四天下現在兜率天一生補處，或於四天下現為轉輪聖王，或為釋提桓因，或為梵王，或為四天王，或為夜摩天王，或為兜率陀天王，或為化樂天王，或為他化自在天王，或現長者，或現居士，或復現為小王、大王，或為剎利，或為婆羅門，或為薩薄；或於四天下欲從兜率下生世間，或現入胎，或現處胎，或現欲生，或現生已而行七步舉手自稱天上天下唯我為尊，或現處宮與采女俱，或現出家，或現苦行，或現取草，或現坐道場，或現降魔，或現成佛，或現觀樹王，或現釋、梵請轉法輪，或現轉法輪，或現捨壽，或現入涅槃，或現燒身，或現全身舍利，或現散身舍利，或現法欲滅，或現法已滅，或現壽命無量，或現壽命短促，或現國土無惡道名，或現有諸惡道，或現閻浮提清淨嚴飾如天宮殿，或現弊惡，或現上、中、下。

「堅意！是皆首楞嚴三昧自在神力；菩薩示現入於涅槃不畢竟滅，而於三千大千世界，能現如是自在神力，示現如是諸莊嚴事。堅意！汝觀如來於此四天下轉法輪，餘閻浮提未成佛道，或有閻浮提現入滅度，是名首楞嚴三昧所入法門。」

爾時，會中諸天、龍、夜叉、乾闥婆等，諸菩薩、大弟子咸作是念：「釋迦牟尼佛但能於此三千大千世界有是神力，於餘世界亦有是力？」

時文殊師利法王子知衆會意，欲斷所疑，白佛言：「世尊！我所遊行諸佛國土，於是世界上過六十恒河沙土，有佛世界名一燈明，佛於其中為人說法，我至其所頭面禮足，問言：『世尊號字何等？我等云何奉持佛名？』彼佛答我：『汝詣釋迦牟尼佛，自當答汝。』世尊！彼佛國土功德莊嚴，說之一劫猶不可盡，復過於是。彼國無有聲聞、辟支佛名，但有諸菩薩僧，常說不退轉法輪，唯願世尊說此佛名一燈明土講說法者。」

爾時，佛告文殊師利法王子：「汝等善聽！勿懷恐怖而生疑悔。所以者何？諸佛神力不可思議，首楞嚴三昧勢力亦不可思議。文殊師利！彼一燈明土講說法者，佛號示一切功德自在光明王。文殊師利！一燈明土示一切功德自在光明王佛，則是我身於彼國土現佛神力，我於彼土說不退轉法輪，是我宿世所修淨土。文殊師利！汝今當知我於無量無邊百千萬億那由他土盡有神力，一切聲聞、辟支佛所不能知。文殊師利！此則皆是首楞嚴三昧勢力，菩薩常於無量世界示現神變，於此三昧而不動轉。文殊師利！譬如日月自於宮殿初不移動，而現一切城邑、聚落；菩薩如是住首楞嚴三昧初不移動，而能遍於無量世界示現其身，隨眾所樂而為說法。」

爾時，眾會得未曾有，皆大歡喜踊躍無量，合掌恭敬；及諸天、龍、夜叉、乾闥婆、阿修羅、迦樓羅、緊那羅、摩睺羅伽等，以真珠華、雜色妙華、末香、塗香散於佛上，皆作諸天所有伎樂供養如來及諸弟子，亦各脫上衣奉上於佛、諸菩薩等，以妙色華大如須彌并眾雜香、末香、塗香、珍寶、瓔珞散於佛上，皆作是言：「唯然！世尊！若有說首楞嚴三昧處，其地則為金剛；若人得聞說是三昧，信受、讀誦、為人演說不驚不畏，當知此人亦是金剛，成不壞忍，深住於信，諸佛所護，厚種善根得大善利，降魔怨敵斷諸惡趣，為善知識之所守護。世尊！如我解佛所說義，若有眾生聞是首楞嚴三昧，即能信受、讀誦、解義、為人演說、如說修行，當知是人得住佛法畢定不退。」

佛言：「如是！如是！如汝等說。若人不厚種諸善根，聞首楞嚴三昧不能信受；少有眾生聞首楞嚴三昧能信受者，多有眾生不能信受。善男子！人有四法，聞是三昧能得信受。何等為四？一者、曾於過去諸佛聞是三昧，二者、為善知識所護深樂佛道，三者、善根深厚好樂大法，四者、身自得證大乘深法。有是四法，則能信受如是三昧。善男子！復有滿願阿羅漢及具足正見者、信行見行者，是人信順如來語故，信是三昧而身不證。所以者何？是三昧者一切聲聞、辟支佛所不能通達，況餘眾生！」

爾時，長老摩訶迦葉白佛言：「世尊！譬如從生盲人，夢中得眼見種種色心大歡喜，即於夢中與有眼者共住共語，是人覺已不復見色；我等亦爾，未聞是首楞嚴三昧時，心懷歡喜謂得天眼，與諸菩薩共住共語論說義理。世尊！我今從佛聞是三昧不知其事，如生盲人不能得知諸佛、菩薩所行之法；我等從今已往，自視其身如生盲人，於佛深法無有智慧，不知不見世尊所行；我等從今已往，知諸菩薩真得天眼，能得如是諸深智慧。世尊！若人無有薩婆若心，誰當自謂我是智者、我是福田？」

佛言：「如是！如是！迦葉！如汝所說。菩薩所得諸深智慧，聲聞、辟支佛所不能及。」

摩訶迦葉說是語時，八千眾生皆發阿耨多羅三藐三菩提心。

爾時，堅意菩薩問文殊師利法王子言：「文殊師利！所言福田，云何名為福田？」

文殊師利言：「有十法行，名為福田。何等為十？住空、無相、無願解脫門，而不入法位；見知四諦，而不證道果；行八解脫，而不捨菩薩行；能起三明，而行於三界；能現聲聞形色威儀，而不隨音教從他求法；現辟支佛形色威儀，而以無礙辯才說法；常在禪定，而能現行一切諸行；不離正道，而現入邪道；深貪染愛，而離諸欲一切煩惱；入於涅槃，而於生死不壞不捨。有是十法，當知是人真實福田。」

爾時，堅意菩薩問須菩提言：「長老須菩提！世尊說汝第一福田，汝為得在是十法不？」

須菩提言：「我於是法尚無其一，何況有十！」

堅意言：「汝以何名第一福田？」

須菩提言：「我不於佛、諸菩薩中第一福田，佛說我於聲聞、辟支佛中第一福田。堅意！譬如邊地小王亦名為王，若轉輪聖王至於邊地，諸小王等不名為王，爾時唯有轉輪聖王，聖王威德殊妙勝故。堅意！隨有國土、城邑、聚落無菩薩處，我於其中得為福田；若有佛處有大菩薩，我於其中不名福田。諸菩薩有薩婆若心，是故勝我。」

爾時，佛讚須菩提言：「善哉！善哉！如汝所說，是無增上慢大弟子之所言也！」

堅意菩薩復問文殊師利法王子言：「文殊師利！所說多聞，云何名為多聞？」

文殊師利言：「若人得聞一句之法，即解其中千萬億義，百千萬劫敷演解說，智慧辯才不可窮盡，是名多聞。復次，堅意！菩薩著聞十方無量諸佛所說盡能受持，無有一句先所不聞，凡所聞者皆是先聞，隨所聞法能持不忘，為眾生說而無眾生，身與眾生及所說法無有差別，是名多聞。」

爾時，會中有菩薩天子名淨月藏，作是念：「佛說阿難於多聞中為最第一，如文殊師利所說多聞，阿難今者寧有是不？」

作是念已問阿難言：「如來說汝於多聞中為最第一，汝之多聞寧如文殊師利所說者不？」

阿難答言：「如文殊師利所說多聞，我無是事。」

淨月藏言：「如來云何常稱說汝於多聞中為最第一？」

阿難答言：「佛諸子隨逐音聲而得解脫，於是人中說我第一，非謂我於無量智海、無等大慧、無礙辯才諸菩薩中多聞第一。天子！譬如以有日月光明，閻浮提人見諸形色得有所作；我亦如是，但以如來智慧光明得受持法，我於其中自無有力，當知皆是如來神力。」

爾時，世尊讚阿難言：「善哉！善哉！如汝所說。汝所受持誦念諸法，當知則是如來神力。」

爾時，佛告淨月藏言：「阿難所持諸法甚少，所不誦者無量無邊。天子！我於道場所得諸法，百千億分不說其一；我所說者，阿難於中百千億分不持其一。天子！如來但於一日一夜，十方世界諸釋、梵王、護世天王、天、龍、夜叉、乾闥婆等天子、菩薩與之說法，以智慧力而作偈頌，說修多羅、因緣、譬喻、眾生所行諸波羅蜜，及說聲聞、辟支佛乘、佛無上乘、攝大乘法，毀呰生死稱讚涅槃。假使閻浮提內所有眾生，成就多聞皆如阿難，於百千劫不能受持。天子！以是因緣，當知如來所說諸法無量無邊，阿難所持甚為小耳！」

爾時，淨月藏天子即以十萬七寶華蓋奉上如來，其蓋即時遍住虛空，所覆眾生皆作金色；奉上蓋已，作如是言：「唯然！世尊！願以是福，普使眾生辯才說法當如世尊，能受持法如文殊師利法王子。」

時佛知是菩薩天子深樂佛道，與授阿耨多羅三藐三菩提記，而作是言：「今是天子過四百四十萬劫，當得作佛，號一寶蓋，國名一切眾寶莊嚴。」

說是法時，二百菩薩生懈怠心：「諸佛世尊其法甚深，阿耨多羅三藐三菩提如是難得，我等不能具足是事，不如但以辟支佛乘入於涅槃。所以者何？佛說菩薩若有退轉，或作辟支佛，或作聲聞。」

爾時，文殊師利法王子知此二百菩薩有懈退心，欲還發起令得阿耨多羅三藐三菩提，亦欲教化會中天、龍、夜叉、乾闥婆、阿修羅、迦樓羅、緊那羅、摩睺羅伽等故，白佛言：「世尊！我念過去劫名照明，我於其中三百六十億世以辟支佛乘入於涅槃。」

爾時，一切衆會心皆生疑：「若入涅槃不應復還生死相續，今文殊師利何故作如是言：『世尊！我念過世劫名照明，我於其中三百六十億世以辟支佛乘入於涅槃。』是事云何？」

爾時，舍利弗承佛神旨白佛言：「世尊！若人已得入於涅槃，不應復有生死相續，云何文殊師利入涅槃已還復出生？」

佛言：「汝可問之文殊師利，自當答汝。」

時舍利弗問文殊師利言：「若人已得入於涅槃，於諸有中不復相續，汝今云何而作是說：『世尊！我念過去照明劫中，三百六十億世以辟支佛乘入於涅槃。』？此義云何？」

文殊師利言：「如來現在，是一切知者、一切見者、真實語者、不欺誑者、世間天人無能誑者，我所說者佛自證知，我若異說則為誑佛。舍利弗！彼時照明劫中，有佛出世號曰弗沙，利益世間諸天人已入於涅槃，是佛滅後法住十萬歲。法滅之後，其中衆生於辟支佛有度因緣，假使百千億佛為之說法不信不受，唯皆可以辟支佛身威儀法則而得度脫，是諸衆生皆共志求辟支佛道。是時無有辟支佛出，是諸衆生無處得種善根因緣。我於爾時，為教化故自稱我身是辟支佛，隨諸國土、城邑、聚落皆知我身是辟支佛。我時皆為現辟支佛形色威儀，是諸衆生深心恭敬，皆以飲食供養於我；我受食已，觀其本緣所應聞法，為解脫已，身飛虛空猶如鴈王。是時，衆生皆大歡喜，以恭敬心頭面禮我，而作是言：『願使我等於未來世皆得法利如今是人。』舍利弗！以是因緣，成就無量無數衆生令種善根。我時觀察，知諸人衆供養我食生懈厭心，即時告言：『我涅槃時至。』百千衆生聞是語已，各持華香、雜香、蘇油來至我所。我於爾時入滅盡定，以本願故不畢竟滅；是諸衆生謂我命終，供養我故以香薪𧂐而燒我身，謂我實滅。我時復至異國大城，自稱我是辟支佛身，其中衆生亦以飲食來供養我，我於其中示入涅槃，亦謂我滅，皆來供養共燒我身。如是，舍利弗！我於爾時滿一小劫三百六十億世，作辟支佛身示入涅槃，於諸大城一一皆以辟支佛乘度脫三十六億衆生。舍利弗！菩薩如是以辟支佛乘入於涅槃而不永滅。」

文殊師利說是語時，三千大千世界六種震動，光明遍照。千億諸天供養文殊師利法王子，雨諸天華，皆作是言：「是實希有！我等今日得大善利，見佛世尊及見文殊師利法王子，又聞說是首楞嚴三昧。世尊！文殊師利法王子成就如是未曾有法，住何三昧能現如是未曾有法？」

佛告諸天：「文殊師利法王子住首楞嚴三昧，能作如是希有難事。菩薩住此三昧，為作信行而不隨他信；亦作法行，而於法相轉於法輪不退不失；亦作八人，於諸無量阿僧祇劫，為八邪者而行於道；作須陀洹，為生死水漂流眾生不入法位；作斯陀含，遍現其身於諸世間；作阿那含，亦復來還教化眾生；作阿羅漢，亦常精進求學佛法；亦作聲聞，以無礙辯為人說法；作辟支佛，為欲教化因緣眾生示入涅槃，三昧力故還復出生。諸天子！菩薩住是首楞嚴三昧，皆能遍行諸賢聖行，亦隨其地有所說法而不住中。」

諸天聞佛說如是義，悉皆涕淚而作是言：「世尊！若人已入聲聞、辟支佛位，永失是首楞嚴三昧。世尊！人寧作五逆重罪，得聞說是首楞嚴三昧，不入法位作漏盡阿羅漢。所以者何？五逆罪人聞是首楞嚴三昧，發阿耨多羅三藐三菩提心已，雖本罪緣墮在地獄，聞是三昧善根因緣還得作佛。世尊！漏盡阿羅漢猶如破器，永不堪任受是三昧。世尊！譬如有人施蘇油蜜，多有人衆持種種器，中有一人用心不固破所持器，雖詣所施蘇油蜜所無所能益，但得自飽不能持還施與餘人；是中有人持器完堅，既得自飽亦持滿器施與他人。蘇油蜜者是佛正法，所持器破但得自足，不能持還施他人者，即是聲聞及辟支佛；持完器者即是菩薩，身自得足亦能持與一切衆生。」

是時，二百天子心欲退轉於阿耨多羅三藐三菩提者，從諸天子聞是語已，及聞文殊師利法王子不可思議功德勢力，更以深心發阿耨多羅三藐三菩提，不復隨先退轉之心，皆白佛言：「我等乃至危害失命不捨是心，亦終不捨一切衆生。世尊！唯願我等聞是首楞嚴三昧善根因緣，當得菩薩十力。何等十？於菩提心得堅固力，於不可思議佛法得深信力，多聞得不忘力，往來生死得無疲力，於諸衆生得堅大悲力，於布施中得堅捨力，於持戒中得不壞力，於忍辱中得堅受力，魔不能壞得智慧力，於諸深法得信樂力。」

爾時，佛告堅意菩薩：「若有衆生於今現在若我滅後，聞是首楞嚴三昧能信樂者，當知是人悉皆得是菩薩十力。」

爾時，會中有菩薩名曰名意，白佛言：「世尊！若欲得福者應供養佛，欲得慧者應勤多聞，欲生好處者應勤持戒，欲大富者應加布施，欲得妙色者應修忍辱，欲得辯才者應敬師長，欲得陀羅尼者應離增上慢，欲得智者應修正憶念，欲得樂者應捨一切惡，欲利益衆生者應發菩提心，欲得妙音聲者應修實語，欲得功德者應樂遠離，欲求法者應近善知識，欲坐禪者應離憒鬧，欲思慧者應修思惟，欲生梵世者應修無量心，欲生天人應修十善。世尊！若人欲得福德者、欲得慧者、欲生好處者、欲大富者、欲妙色者、欲辯才者、欲陀羅尼者、欲得智者、欲得樂者、欲利益衆生者、欲妙音聲者、欲功德者、欲求法者、欲坐禪者、欲思慧者、欲生梵世者、欲生天人者、欲得涅槃者、欲得一切功德者，當聞首楞嚴三昧，受持讀誦、為他人說、如說修行。世尊！菩薩云何修是三昧？」

佛言：「名意！菩薩若能觀諸法空無所障礙，念念滅盡離於憎愛，是名修是三昧。復次，名意！學是三昧不以一事，所以者何？隨諸衆生心、心所行，是三昧者有是諸行；隨諸衆生心、心所入，是三昧者有是諸入；隨諸衆生諸根入門，是三昧者有是入門。隨諸衆生所有名色，得是三昧菩薩亦示若干名色；能如是知，是名修是三昧。隨一切佛名色相貌，得是三昧菩薩亦示若干名色相貌；能如是知，是名修是三昧。隨見一切諸佛國土，菩薩亦自成是國土，是名修是首楞嚴三昧。」

名意菩薩白佛言：「世尊！是三昧者修行甚難！」

佛告名意：「以是事故，少有菩薩住是三昧，多有菩薩行餘三昧。」

爾時，名意菩薩白佛言：「世尊！此彌勒菩薩一生補處次於世尊，當得阿耨多羅三藐三菩提，彌勒得是首楞嚴三昧耶？」

佛言：「名意！其諸菩薩得住十地一生補處受佛正位，悉皆得是首楞嚴三昧。」

彌勒菩薩即時示現如是神力。名意菩薩及諸衆會，見此三千大千世界諸閻浮提，其中皆是彌勒菩薩：或見在天上，或見在人間，或見出家，或見在家，或見侍佛皆如阿難，或見智慧第一如舍利弗，或見神通第一如目犍連，或見頭陀第一如大迦葉，或見說法第一如富樓那，或見樂戒第一如羅睺羅，或見持律第一如優波離，或見天眼第一如阿那律，或見坐禪第一如離婆多，如是一切諸第一中皆見彌勒；或見入諸城邑、聚落乞食，或見說法，或見坐禪。名意菩薩及諸大眾，一切皆見彌勒菩薩現首楞嚴三昧神通勢力，見已大喜白佛言：「世尊！譬如真金雖復鍛磨不失其性，是諸大士亦復如是，隨所試處皆能示現不可思議法性。」

爾時，名意菩薩白佛言：「世尊！我謂菩薩若能通達首楞嚴三昧，當知通達一切道行，於聲聞乘、辟支佛乘及佛大乘皆悉通達。」

佛言：「如是！如是！如汝所說。菩薩若能通達首楞嚴三昧，則能通達一切道行。」

爾時，長老摩訶迦葉白佛言：「世尊！我謂文殊師利法王子曾於先世已作佛事，現坐道場轉於法輪，示諸眾生入大滅度。」

佛言：「如是！如是！如汝所說。迦葉！過去久遠無量無邊不可思議阿僧祇劫，爾時，有佛號龍種上如來、應供、正遍知、明行足、善逝、世間解、無上士、調御丈夫、天人師、佛、世尊，於此世界南方過於千佛國土，國名平等，無有山河、沙礫、瓦石、丘陵、堆阜，地平如掌，生柔軟草如迦陵伽。龍種上佛於彼世界得阿耨多羅三藐三菩提，初轉法輪，教化成就七十億數諸菩薩衆，八十億人成阿羅漢，九萬六千人住辟支佛因緣法中，其後續有無量聲聞僧。迦葉！龍種上佛壽命四百四十萬歲，度天人已入於涅槃，散身舍利流布天下，起三十六億塔衆生供養，其佛滅後法住十萬歲。龍種上佛臨欲涅槃，與智明菩薩授記莂言：『此智明菩薩次於我後，當得阿耨多羅三藐三菩提，亦號智明。』迦葉！汝謂爾時平等世界龍種上佛豈異人乎？勿生此疑。所以者何？即文殊師利法王子是。迦葉！汝今且觀首楞嚴三昧勢力，諸大菩薩以是力故，示現入胎、初生、出家、詣菩提樹、坐於道場、轉妙法輪、入般涅槃、分布舍利，而亦不捨菩薩之法，於般涅槃不畢竟滅。」

爾時，長老摩訶迦葉語文殊師利言：「仁者！乃能施作如此希有難事示現眾生？」

文殊師利言：「迦葉！於意云何？是耆闍崛山誰之所造？是世界者亦從何出？」

迦葉答言：「文殊師利！一切世界水沫所成，亦從眾生不可思議業因緣出。」

文殊師利言：「一切諸法，亦從不可思議業因緣有，我於是事無有功力。所以者何？一切諸法皆屬因緣，無有主故隨意所成，若能解此所為不難。迦葉！若人未見四諦，聞如是事能信解者，此則為難；見四諦已得諸神通，聞此能信不足為難。」

爾時，世尊身升虛空高七多羅樹，結加趺坐身出光明，遍照十方無量世界；一切眾會皆見十方無量諸佛，悉皆說是首楞嚴三昧不增不減，悉遙得聞。十方諸佛亦升虛空高七多羅樹，結加趺坐身放光明，遍照十方無量世界。彼諸眾生，亦見釋迦牟尼佛身升虛空結加趺坐；彼諸眾會，悉皆以華遙散釋迦牟尼佛，皆見眾華於上空中合成華蓋。此土菩薩及諸天、龍、夜叉、乾闥婆等，悉亦以華散彼諸

「是佛，皆於佛上化成華蓋。爾時，釋迦牟尼佛還攝神足坐於本座，告堅意言：「是為如來神通之力，為令衆生功德增益，是故如來示現是事。」

佛現神通力時，八千天人發阿耨多羅三藐三菩提心；又說是首楞嚴三昧垂欲竟時，堅意菩薩及五百菩薩得首楞嚴三昧，悉皆得見十方諸佛所有神力，於佛深法得智光明，住第十地受佛職位；三千大千世界六種震動，放大光明遍照世界，千萬伎樂同時俱作，諸天空中雨種種華。

爾時，佛告阿難：「汝當受是首楞嚴三昧，持諷誦讀、廣為人說。」時持須彌山頂釋白佛言：「世尊！阿難智慧憶念有量，聲聞人者隨他音聲，何故以是三昧法寶囑累阿難？」

持須彌山頂釋發至誠言：「若我能於今世來世，廣宣流布是寶三昧無有虛者，於此耆闍崛山中樹，悉皆當如佛菩提樹，其諸樹下皆有菩薩。」

持須彌山頂釋作是語已，即見諸樹如菩提樹，一一樹下皆見菩薩，諸菩提樹皆出是言：「如持須彌山頂釋所言，為實是人必能令此三昧廣宣流布。」

爾時，諸天、龍、夜叉、乾闥婆等，同聲白佛言：「世尊！假使如來住壽一劫不為餘事，以聲聞乘為人說法，一一說法皆悉如初轉法輪時所度衆生；說是首楞嚴三昧所度衆生，此則為勝。所以者何？是諸衆生皆以聲聞乘度，於菩薩乘百分不及一，百千萬億分乃至算數、譬喻所不能及。如是首楞嚴三昧有是無量勢力，能成就諸菩薩，使得具足佛法。」

爾時，堅意菩薩白佛言：「世尊實壽幾何？幾時當入畢竟涅槃？」佛言：「堅意！東方去此世界三萬二千佛土，國名莊嚴，是中有佛，號照明莊嚴自在王如來、應供、正遍知、明行足、善逝、世間解、無上士、調御丈夫、天人師、佛、世尊，今現在說法。堅意！如照明莊嚴自在王佛壽命，我所壽命亦復如是。」

「世尊！是照明莊嚴自在王佛壽命幾所？」

佛告堅意：「汝自往問，自當答汝。」

即*時堅意承佛神力，又以首楞嚴三昧力故，及自善根神通力故，如一念頃到彼莊嚴世界，頭面禮彼佛足，右遶三匝却住一面，白佛言：「世尊！壽命幾時當入涅槃？」

彼佛答言：「如彼釋迦牟尼佛壽命，我所壽命亦復如是。堅意！汝欲知者，我壽七百阿僧祇劫，釋迦牟尼佛壽命亦爾。」

爾時，堅意菩薩心大歡喜，即還娑婆世界，白佛言：「世尊！彼照明莊嚴自在王佛壽七百阿僧祇劫，而告我言：『如我壽命，釋迦牟尼佛壽命亦復如是。』」

爾時，阿難從座而起，偏袒右肩合掌向佛，白佛言：「世尊！如我解佛所說義，我謂世尊於彼莊嚴世界以異名字利益衆生。」

爾時，世尊讚阿難言：「善哉！善哉！汝以佛力能知是事，彼佛身者即是我身，以異名字於彼說法度脫衆生。阿難！如是神通自在力者，皆是首楞嚴三昧勢力。」

爾時，佛告堅意菩薩：「堅意！以是事故，當知我壽七百阿僧祇劫，乃當畢竟入於涅槃。」

時會大衆聞佛所說壽命如是不可思議，皆大歡喜得未曾有，白佛言：「世尊！諸佛神力至未曾有，一切所行不可思議，於此現壽如是短命，而實於彼七百阿僧祇劫。世尊！願使一切衆生具足如是不可思議壽命。」

爾時，世尊復告堅意：「是首楞嚴三昧，隨在郡國、城邑、聚落、精舍、空林，其中諸魔、魔民不得其便。」

又告堅意：「若有法師書寫、讀誦、解說是首楞嚴三昧，於人、非人無有恐怖，復得二十不可思議功德之分。何等二十？福德不可思議，其智不可思議，其慧不可思議，方便不可思議，辯才不可思議，法明不可思議，總持不可思議，法門不可思議，億念隨義不可思議，諸神通力不可思議，分別衆生諸所語言不可思議，深解衆生心之所樂不可思議，得見諸佛不可思議，所聞諸法不可思議，教化衆生不可思議，自在三昧不可思議，成就淨土不可思議，形色最妙不可思議，功德自在不可思議，修治諸波羅蜜不可思議，得不退轉佛法不可思議，是為二十。堅意！若人書寫、讀誦是首楞嚴三昧，得是二十不可思議功德之分。是故，堅意！若人欲得今世來世諸利，當書寫、讀誦、解*說、修行是首楞嚴三昧。堅意！若求佛道善男子、善女人，於千萬劫勤心修行六波羅蜜，若有聞是首楞嚴三昧，即能信受，心不退沒，不驚不畏，福勝於彼，疾至阿耨多羅三藐三菩提，何況聞已受持讀誦、如說修行、為人解說！若有菩薩，欲聞諸佛不思議法不驚不畏，欲於一切諸佛法中，現了自知不從他教，應當修集行是三昧；若欲得聞所未聞法信受不逆，應當聞是首楞嚴三昧。」

說是首楞嚴三昧經時，無量眾生發阿耨多羅三藐三菩提心，復倍是數住阿惟越致地，復倍是數得無生法忍，萬八千菩薩得是首楞嚴三昧，萬八千比丘、比丘尼不受諸法故漏盡解脫得阿羅漢，二萬六千優婆塞、優婆夷於諸法中得法眼淨，三十那由他諸天得入聖位。

佛說經已，文殊師利法王子、堅意菩薩等，一切諸菩薩摩訶薩及諸聲聞大弟子，一切諸天、龍神、乾闥婆、阿修羅等，世間人民，聞佛所說歡喜信受。

佛說首楞嚴三昧經卷下

金剛三昧經

金剛三昧經序品第一

北涼失譯人名

如是我聞：一時，佛在王舍大城耆闍崛山中，與大比丘衆一萬人俱，皆得阿羅漢道，其名曰：舍利弗、大目犍連、須菩提，如是衆等阿羅漢。復有菩薩摩訶薩二千人俱，其名曰：解脱菩薩、心王菩薩、無住菩薩，如是等菩薩。復有長者八萬人俱，其名曰：梵行長者、大梵行長者、樹提長者，如是等長者。復有天、龍、夜叉、乾闥婆、阿修羅、迦樓羅、緊那羅、摩睺羅伽、人非人等六十萬億。

爾時，尊者大衆圍遶，為諸大衆說大乘經，名一味真實無相無生決定實際本覺利行，若聞是經，乃至受持一四句偈，是人則為入佛智地，能以方便教化衆生，為一切衆生作大知識。

佛說此經已，結加趺坐，即入金剛三昧，身心不動。爾時，眾中有一比丘名曰阿伽陀，從座而起，合掌䠒跪，欲重宣此義，而說偈言：

大慈滿足尊，智慧通無礙，廣度眾生故，說於一諦義。
皆以一味道，終不以小乘，所說義味處，皆悉離不實。
入佛諸智地，決定真實際，聞者皆出世，無有不解脫。
無量諸菩薩，皆悉度眾生，為眾廣深問，知法寂滅相。
入於決定處，如來智方便，當為入實說，隨順皆一乘。
無有諸雜味，猶如一雨潤，眾草皆悉榮，隨其性各異。
一味之法潤，普充於一切，如彼一雨潤，皆長菩提芽。
入於金剛味，證法真實定，決定斷疑悔，一法之印成。

金剛三昧經無相法品第二

爾時，尊者從三昧起，而說是言：「諸佛智地入實法相決定性故，方便神通皆無相利，一覺了義難解難入，非諸二乘之所知見，唯佛、菩薩乃能知之，可度衆生皆說一味。」

爾時，解脫菩薩即從座起，合掌䠒跪，而白佛言：「尊者！若佛滅後，正法去世，像法住世，於末劫中五濁衆生，多諸惡業輪迴三界，無有出時。願佛慈悲，為後世衆生宣說一味決定真實，令彼衆生等同解脫。」

佛言：「善男子！汝能問我出世之因，欲化衆生，令彼衆生獲得出世之果，是一大事不可思議。以大慈故，以大悲故，我若不說即墮慳貪。汝等一心[2]諦聽！為汝宣說。善男子！若化衆生無生於化，不生無化，其化大焉，令彼衆生皆離心我，一切心我本來空寂。若得空心，心不幻化，無幻無化即得無生，無生之心在於無化。」

解脫菩薩而白佛言：「尊者！衆生之心，性本空寂，空寂之心，體無色相，云何修習得本空心？願佛慈悲，為我宣說。」

佛言：「菩薩！一切心、相本來無本，本無本處，空寂無生，若心無生即入空寂，空寂心地即得心空。善男子！無相之心，無心無我，一切法相亦復如是。」

解脫菩薩而白佛言：「尊者！一切眾生若有我者，若有心者，以何法覺，令彼眾生出離斯縛？」

佛言：「善男子！若有我者，令觀十二因緣，十二因緣本從因果，因果所起興於心行，心尚不有，何況有身！若有我者，令滅有見；若無我者，令滅無見；若心生者，令滅滅性；若心滅者，令滅生性，滅是見性，即入實際。何以故？本生不滅，本滅不生，不滅不生，不生不滅，一切諸法亦復如是。」

解脫菩薩而白佛言：「尊者！若有眾生見法生時，令滅何見？見法滅時，令滅何見？」

佛言：「菩薩！若有眾生見法生時，令滅無見；見法滅時，令滅有見。若滅是見，得法真無，入決定性，決定無生。」

解脫菩薩而白佛言：「尊者！令彼眾生住於無生，是無生也？」

佛言：「住於無生，即是有生。何以故？無住無生，乃是無生。菩薩！若生無生，以生滅生，生滅俱滅，本生不生，心常空寂，空*寂無住，心無有住，乃是無生。」

解脫菩薩而白佛言：「尊者！心無有住，有何修學？為有學也？為無學也？」

佛言：「菩薩！無生之心，心無出入，本如來藏性寂不動，亦非有學，亦非無學，無有學不學，是即無學，非無有學，是為所學。」

解脫菩薩而白佛言：「尊者！云何如來藏性寂不動？」

佛言：「如來藏者生滅慮知相，隱理不顯，是如來藏性寂不動。」

解脫菩薩而白佛言：「尊者！云何生滅慮知相？」

佛言：「菩薩！理無可不，若有可不即生諸念，千思萬慮是生滅相。菩薩！觀本性相理自滿足，千思萬慮不益道理，徒為動亂失本心王。若無思慮則無生滅，如實不起諸識安寂，流注不生得五法淨，是謂大乘。菩薩！入五法淨，心即無妄，若無有妄，即入如來自覺聖智之地。入智地者，善知一切從本不生，知本不生即無妄想。」

解脫菩薩而白佛言：「尊者！無妄想者應無止息。」

佛言：「菩薩！妄本不生，無妄可息，知心無心，無心可止；無分無別，現識不生，無生可止，是則無止，亦非無止。何以故？止無止故。」

解脫菩薩而白佛言：「尊者！若止無止，止即是生，何謂無生？」

佛言：「菩薩！當止是生，止已無止，亦不住於無止，亦不住於無住。云何是生？」

解脫菩薩而白佛言：「尊者！無生之心，有何取捨？住何法相？」

佛言：「無生之心不取不捨，住於不心，住於不法。」

解脫菩薩而白佛言：「尊者！云何住於不心？住於不法？」

佛言：「不生於心，是住不心；不生於法，是住不法。善男子！不生心法即無依止，不住諸行，心常空寂，無有異相，譬彼虛空無有動住，無起無作，無彼無此，得空心眼，得法空身，五陰、六入悉皆空寂。善男子！修空法者，不依三界，不住戒相，清淨無念，無攝無放，性等金剛，不壞三寶，空心不動，具六波羅蜜。」

解脫菩薩而白佛言：「尊者！六波羅蜜者皆是有相，有相之法能出世也？」

佛言：「善男子！我所說六波羅蜜者，無相無為。何以故？若人離欲心常清淨，實語方便本利利人，是檀波羅蜜。志念堅固心常無住，清淨無染不著三界，是尸波羅蜜。修空斷結不依諸有，寂靜三業不住身心，是羼提波羅蜜。遠離名數斷空有見，深入陰空，是毘梨耶波羅蜜。俱離空寂不住諸空，心處無住不住大空，是禪波羅蜜。心無心相不取虛空，諸行不生不證寂滅，心無出入性常平等，諸法實際皆決定性，不依諸地不住智慧，是般若波羅蜜。善男子！是六波羅蜜者皆獲本利，入決定性超然出世，無礙解脫。善男子！如是解脫法相皆無相行，亦無解不解，是名解脫。何以故？解脫之相，無相無行，無動無亂，寂靜涅槃，亦不取涅槃相。」

解脫菩薩聞是語已，心大欣懌得未曾有，欲宣義意而說偈言：

大覺滿足尊，　為衆敷演法，　皆說於一乘，　無有二乘道。

一味無相利，　猶如太虛空，　無有不容受，　隨其性各異。
皆得於本處，　如彼離心我，　一法之所成，　諸有同異行。
悉獲於本利，　滅絕二相見，　寂靜之涅槃，　亦不住取證。
入於決定處，　無相無有行，　空心寂滅地，　寂滅心無生。
同彼金剛性，　不壞於三寶，　具六波羅蜜，　度諸一切生。
超然出三界，　皆不以小乘，　一味之法印，　一乘之所成。

爾時，大眾聞說是義，心大欣懌，得離心我入空無相，恢廓曠蕩皆得決定，斷結盡漏。

金剛三昧經無生行品第三

爾時，心王菩薩聞佛說法出三界外不可思議，從座而起，叉手合掌，以偈問曰：

如來所說義，　出世無有相，　可有一切生，　皆得盡有漏。

斷結空心我，　是則無有生，　云何無有生，　而得無生忍？

爾時，佛告心王菩薩言：「善男子！無生法忍，法本無生，諸行無生非無生行，得無生忍即為虛妄。」

心王菩薩言：「尊者！得無生忍即為虛妄，無得無忍應非虛妄？」

佛言：「不也！何以故？無得無忍是則有得，有得有忍是則有生，有生於得有所得法，並為虛妄。」

心王菩薩言：「尊者！云何無忍無生心而非虛妄？」

佛言：「無忍無生心者，心無形段猶如火性，雖處木中，其在無所決定性故，但名但字性不可得，欲詮其理假說為名，名不可得。心相亦爾不見處所，知心如是則無生心。善男子！是心性相，又如阿摩勒果，本不自生，不從他生，不共生，不因生，不無生。何以故？緣代謝故。緣起非生，緣謝非滅，隱顯無相，根理寂滅，在無有處，不見⊙處所，住決定性故。是決定性亦不一不異，不斷不常，不入不出，不生不滅，離諸四謗，言語道斷，無生心性亦復如是。云何說生不生有忍無忍？若有說心有得、有住及以見者，即為不得阿耨多羅三藐三菩提。般若是為長夜了別心性者，知心性如是，性亦如是，*是無生行☆。」

心王菩薩言：「尊者！心若本如無生於行，諸行無生，生行不生，不生無行，即無生行也？」

佛言：「善男子！汝以無生，而證無生行也？」

心王菩薩言：「不也！何以故？如無生行，性相空寂，無見無聞，無得無失，無言無說，無知無相，無取無捨。云何取證？若取證者，即為諍論。無諍無論，乃無生行。」

佛言：「汝得阿耨多羅三藐三菩提也？」

心王菩薩言：「尊者！我無得阿耨多羅三藐三菩提。何以故？菩提性中無得無失，無覺無知，無分別相，無分別中即清淨性。性無間雜，無有言說，非有非無，非知非不知，諸可法行亦復如是。何以故？一切法行不見處所，決定性故，本無有得不得，云何得阿耨多羅三藐三菩提！」

佛言：「如是！如是！如汝所言，一切心行，不過無相體寂無生，*所有諸識亦復如是。何以故？眼、眼觸悉皆空寂，識亦空寂，無有動不動相，內無三受，三受寂滅；耳、鼻、舌、身、心、意，意識及以末那、阿梨耶識，亦復如是，皆亦不生寂滅之心及無生心。若生寂滅心，若生無生心，是有生行非無生行。菩薩！內生三受、三行、三戒，若已寂滅，生心不生，心常寂滅，無功無用，不證寂滅相，亦不住於無證，可處無住總持無相，則無三受、三行、三戒悉皆寂滅，清淨無住，不入三昧，不住坐禪，無生無行。」

心王菩薩言：「禪能攝動，定諸幻亂。云何不禪？」

佛言：「菩薩！禪即是動，不動不禪是無生禪。禪性無生，離生禪相，禪性無住，離住禪動，若知禪性無有動靜，即得無生。無生般若亦不依住，心亦不動，以是智故，故得無生般若波羅蜜。」

心王菩薩言：「尊者！無生般若於一切處，無住於一切處，無離心無住處，無處住心，無住無心，心無生住，如此住心即無生住。尊者！心無生住不可思議，不思議中可不可說。」

佛言：「如是！如是！」

心王菩薩聞如是言，歎未曾有，而說偈言：

滿足大智尊，　廣說無生法，　聞所未曾聞，　未說而今說。
猶如淨甘露，　時時乃一出，　難遇難思議，　聞者亦復難。
無上良福田，　最上勝妙藥，　為度衆生故，　而今說宣說。

爾時，衆中聞說此已，皆得無生無生般若。

金剛三昧經本覺利品第四

爾時，無住菩薩聞佛所說一味真實不可思議，從遠近來親如來座，專念諦聽，入清白處身心不動。

爾時，佛告無住菩薩言：「汝從何來？今至何所？」

無住菩薩言：「尊者！我從無本來，今至無本所。」

佛言：「汝本不從來，今*亦不至所。汝得本利不可思議，是大菩薩摩訶薩。」
即放大光遍照千界，而說偈言：

大哉菩薩，　智慧滿足，　常以本利，　利益眾生。
於四威儀，　常住本利，　導諸群庶，　不來不去。

爾時，無住菩薩而白佛言：「尊者！以何利轉，而轉眾生一切情識，入庵摩羅？」

佛言：「諸佛如來常以一覺而轉諸識，入庵摩羅。何以故？一切眾生本覺，常以一覺覺諸眾生，令彼眾生皆得本覺，覺諸情識空寂無生。何以故？決定本性本無有動。」

無住菩薩言：「可一*切識皆緣境起，如何不動？」

佛言：「一切境本空，一切識本空，空無緣性，如何緣起？」

無住菩薩言：「一切境空，如何有見？」

佛言：「見即為妄。何以故？一切萬有無生無相，本不自名悉皆空寂，一切法相亦復如是，一切衆生身亦如是。身尚不有，云何有見？」

無住菩薩言：「一切境空，一切身空，一切識空，覺亦應空。」

佛言：「可一覺者，不毀不壞，決定性故，非空非不空，無空不空。」

無住菩薩言：「諸境亦然，非空相非無空相。」

佛言：「如是！彼可境者，性本決定，決定性根無有處所。」

無住菩薩言：「覺亦如是無有處所。」

佛言：「如是！覺無處故清淨，清淨無覺，物無處故清淨，清淨無色。」

無住菩薩言：「心眼識亦復如是不可思議。」

佛言：「心眼識亦復如是不可思議。何以故？色無處所，清淨無名，不入於內；眼無處所，清淨無見，不出於外；心無處所，清淨無止，無有起處；識無處所，清淨無動，無有緣別，性皆空寂，性無有覺，覺則為覺。善男子！覺知無覺，諸識則入。何以故？金剛智地解脫道斷，斷已入無住地，無有出入，心處無在決定性地，其地清淨如淨琉璃，性常平等如彼大地，覺妙觀察如慧日光，利成得本如大法雨。入是智者是入佛智地，入智地者諸識不生。」

無住菩薩言：「如來所說一覺聖力、四弘智地，即一切衆生本根覺利。何以故？一切衆生即此身中本來滿足。」

佛言：「如是！何以故？一切衆生本來無漏，諸善利本，今有欲刺，為未降伏。」

無住菩薩言：「若有衆生未得本利，猶有採集，云何降伏難伏？」

佛言：「若集若獨行，分別及以染，迴神住空窟，降伏難調伏。解脫魔所縛，超然露地坐，識陰般涅槃。」

無住菩薩言：「心得涅槃獨一無伴，常住涅槃應當解脫。」

佛言：「常住涅槃是涅槃縛。何以故？涅槃本覺利，利本覺涅槃，涅槃覺分即本覺分，覺性不異，涅槃無異；覺本無生，涅槃無生；覺本無滅，涅槃無滅；涅槃覺本無異故，無得涅槃，涅槃無得。云何有住？善男子！覺者不住涅槃。何以故？覺本無生離衆生垢，覺本無寂離涅槃動。住如是地，心無所住無有出入，入菴摩羅識。」

無住菩薩言：「菴摩羅識是有入處，處有所得，是得法也？」

佛言：「不也！何以故？譬如迷子手執金錢，而不知有，遊行十方，經五十年，貧窮困苦，專事求索而以養身，而不充足。其父見子有如是事，而謂子言：『汝執金錢何不取用？隨意所須皆得充足。』其子醒已，而得金錢，心大歡喜而謂得錢。其父謂言：『迷子！汝勿欣懌，所得金錢是汝本物，汝非有得，云何可喜？』善男子！菴摩羅者亦復如是，本無出相今即非入，昔迷故非無，今覺故非入。」

無住菩薩言：「彼父知其子迷，云何經五十年，十方遊歷，貧窮困苦，方始告言？」

佛言：「經五十年者，一念心動，十方遊歷，遠行遍計。」

無住菩薩言：「云何一念心動？」

佛言：「一念心動五陰俱生，五陰生中具五十惡。」

無住菩薩言：「遠行遍計，遊歷十方，一念心生，具五十惡。云何令彼眾生無生一念？」

佛言：「令彼眾生安坐心神住金剛地，靜念無起心常安泰，即無一念。」

無住菩薩言：「不可思議！覺念不生，其心安泰即本覺利。利無有動常在不無，無有不無，不無不覺，覺知無覺，本利本覺。覺者清淨無染無著，不變不易，決定性故，不可思議。」

佛言：「如是！」

無住菩薩聞是語已，得未曾有，而說偈言：

尊者大覺尊，　說生無念法，　無念無生心，　心常生不滅。
一覺本覺利，　利諸本覺者，　如彼得金錢，　所得即非得。

爾時，大眾聞說是語，皆得本覺利般若波羅蜜。

金剛三昧經入實際品第五

於是如來作如是言：「諸菩薩等！本利深入可度衆生，若後非時應如說法時①利，不*俱順不順說，非同非異相應如說；引諸情智流入薩婆若海，無令可衆挹彼虛風，悉令彼庶一味神乳，世間非世間，住非住處，五空出入無有取捨。何以故？諸法空相，性非有無，非無不無，不無不有，無決定性，不住有無，非彼有無，凡聖之智而能測隱。諸菩薩等！若知是利即得菩提。」

爾時，衆中有一菩薩名曰大力，即從座起，前白佛言：「尊者！如佛所說，五空出入無有取捨，云何五空而不取捨？」

佛言：「菩薩！五空者，三有是空，六道影是空，法相是空，名相是空，心識義是空。菩薩！如是等空，空不住空，空無空相，無相之法有何取捨？入無取地則入三空。」

大力菩薩言：「云何三空？」

佛言：「三空者，空相亦空，空空亦空，所空亦空。如是等空不住三相，不無真實，文言道斷不可思議。」

大力菩薩言：「不無真實，是相應有。」

佛言：「無不住無，有不住有，不無不有；不有之法，不即住無；不無之相，不即住有，非以有無而詮得理。菩薩！無名義相，不可思議。何以故？無名之名，不無於名；無義之義，不無於義。」

大力菩薩言：「如是名義，真實如相，如來如相，如不住如，如無如相。相無如故，非不如來；眾生心相，相亦如來，眾生之心應無別境。」

佛言：「如是！眾生之心實無別境。何以故？心本淨故，理無穢故，以染塵故，名為三界。三界之心名為別境，是境虛妄從心化生，心若無妄即無別境。」

大力菩薩言：「心若在淨諸境不生，此心淨時應無三界。」

佛言：「如是！菩薩！心不生境，境不生心。何以故？所見諸境唯所見心，心不幻化則無所見。菩薩！內無眾生，三性空寂，則無己眾，亦無他眾，乃至二入亦不生心，得如是利則無三界。」

大力菩薩言：「云何二入不生於心？心本不生云何有入？」

佛言：「二入者：一、謂理入，二、謂行入。理入者，深信衆生不異真性，不一不共，但以客塵之所翳障，不去不來，凝住覺觀，諦觀佛性，不有不無，無己無他，凡聖不二，金剛心地堅住不移，寂靜無為無有分別，是名理入。行入者，心不傾倚，影無流易，於所有處靜念無求，風鼓不動猶如大地，捐離心我救度衆生，無生無相，不取不捨。菩薩！心無出入，無出入心，入不入故，故名為入。菩薩！如是入法，法相不空，不空之法，法不虛棄。何以故？不無之法具足功德，非心非影法爾清淨。」

大力菩薩言：「云何非心非影法爾清淨？」

佛言：「空如之法，非心識法，非心使所有。法非空相，法非色相，法非心有，為不相應法，非心無為，是相應法。非所現影，非所顯示，非自性，非差別，非名、非相、非義。何以故？義無如故，無如之法，亦無無如，無有無如，非無如有。何以故？根理之法，非理非根，離諸諍論，不見其相。菩薩！如是淨法，非生之所生生，非滅之所滅滅。」

大力菩薩言：「不可思議！如是法相不合成不獨成，不羈不絆，不聚不散，不生不滅，亦無來相及以去*相，不可思議。」

佛言：「如是！不可思議，不思議心，心亦如是。何以故？如不異心，心本如故。衆生佛性不一不異，衆生之性本無生滅；生滅之性，性本涅槃，性相本如。如無動故，一切法相從緣無起，起相性如，如無所動，因緣性相，相本空無，緣緣空空，無有緣起，一切緣法惑心妄見，現本不生。緣本無故，心如法理，自體空無，如彼空王本無住處，凡夫之心妄分別見。如如之相，本不有無，有無之相，見唯心識。菩薩！如是心法，不無自體，自體不有，不有不無。菩薩！無不無相，非言說地。何以故？真如之法虛曠無相，非二乘所及，虛空境界內外不測，六行之士乃能知之。」

大力菩薩言：「云何六行？願為說之。」

佛言：「一者、十信行，二者、十住行，三者、十行行，四者、十迴向行，五者、十地行，六者、等覺行。如是行者乃能知之。」

大力菩薩言：「實際覺利無有出入。何等法心得入實際？」

佛言：「實際之法，法無有際，無際之心，則入實際。」

大力菩薩言：「無際心智，其智無崖；無崖之心，心得自在；自在之智，得入實際。如彼凡夫軟心衆生，其心多喘以何法御，令得堅心得入實際？」

佛言：「菩薩！彼心喘者，以內外使，隨使流注滴瀝成海，大風鼓浪，大龍驚駭，驚駭之心故令多喘。菩薩！令彼衆生存三守一，入如來禪，以禪定故，心則無喘。」

大力菩薩言：「何謂存三守一入如來禪？」

佛言：「存三者，存三解脫；守一者，守一心如。入如來禪者，理觀心淨如；入如是心地，即入實際。」

大力菩薩言：「三解脫法是何等事？理觀三昧從何法入？」

佛言：「三解脫者，虛空解脫、金剛解脫、般若解脫。理觀⊙心者心如理淨，無可不心。」

大力菩薩言：「云何存用？云何觀之？」

佛言：「心事不二，是名存用。內行外行，出入不二，不住一相心無得失，一不一地，淨心流入，是名觀之。菩薩！如是之人不*住二相，雖不出家，不住在家，雖無法服，而不具持波羅提木叉戒，不入布薩，能以自心無為自恣，而獲聖果，不住二乘入菩薩道，後當滿地成佛菩提。」

大力菩薩言：「不可思議！如是之人非出家、非不出家。何以故？入涅槃宅，著如來衣，坐菩提座。如是之人，乃至沙門，宜應敬養。」

佛言：「如是！何以故？入涅槃宅心越三界，著如來衣入法空處，坐菩提座登正覺地，如是之人心超二*乘，何況沙門而不敬養！」

大力菩薩言：「如彼一地及與空海，二乘之人為不見也。」

佛言：「如是！彼二乘人味著三昧，得三昧身於彼空海一地，如得酒病，惛醉不醒，乃至數劫猶不得覺，酒消始悟，方修是行，後得佛身。如彼人者，從捨闡提即入六行，於行地所一念淨心，決定明白金剛智力阿鞞跋致，度脫眾生，慈悲無盡。」

大力菩薩言：「如是之人應不持戒，於彼沙門應不敬仰？」

佛言：「為說戒者，不善慢故，海波浪故。如彼心地，八識海澄，九識流淨，風不能動波浪不起，戒性等空，持者迷倒；如彼之人，七六不生諸集，滅定不離三佛而發菩提，三無相中順心玄入。深敬三寶不失威儀，於彼沙門不無恭敬。菩薩！彼仁者不住世間動不動法，入三空聚滅三有心。」

大力菩薩言：「彼仁者於果足滿德佛、如來藏佛、形像佛，如是佛所發菩提心，入三聚戒不住其相，滅三界心不居寂地，不捨可衆入不調地不可思議。」

爾時，舍利弗從座而起，前說偈言：

具足*般若海，　不住涅槃城，　如彼妙蓮華，　高原非所出。
諸佛無量劫，　不捨諸煩惱，　度世然後得，　如泥華所出。
如彼六行地，　菩薩之所修，　如彼三空聚，　菩提之真道。
我今住不住，　如佛之所說，　來所還復來，　具足然後出。

復令諸衆生，如我一無二，前來後來者，悉令登正覺。

爾時，佛告舍利弗言：「不可思議！汝當於後成菩提道，無量衆生超生死苦海。」

爾時，大衆皆悟菩提，諸小衆等入五空海。

金剛三昧經真性空品第六

爾時，舍利弗而白佛言：「尊者！修菩薩道無有名相，三戒無儀，云何攝受為衆生說？願佛慈悲為我宣說。」

佛言：「善男子！汝今諦聽，為汝宣說。善男子！善不善法從心化生，一切境界意言分別，制之一處衆緣斷滅。何以故？善男子！一本不起三用無施，住於如理六道門杜，四緣如順三戒具足。」

舍利弗言：「云何四緣如順三戒具足？」

佛言：「四緣者，一、謂作擇滅力取緣攝律儀戒，二、謂本利淨根力所集起緣攝善法戒，三、謂本慧大悲力緣攝眾生戒，四、謂一覺通智力緣順於如住，是謂四緣。善男子！如是四大緣力，不住事相，不無功用，離於一處，則不可求。善男子！如是一事通攝六行，是佛菩提薩婆若海。」

舍利弗言：「不住事相，不無功用，是法真空常樂我淨，超於二我大般涅槃，其心不繫，是大力觀。是觀覺中，應具三十七道品法。」

佛言：「如是！具三十七道品法。何以故？四念處、四正勤、四如意足、五根、五力、七覺分、八正道等，多名一義，不一不異，以名數故，但名但字法不可得，不得之法一義無文，無文相義真實空性，空性之義如實如如，如如之理具一切法。善男子！住如理者過三苦海。」

舍利弗言：「一切萬法皆悉言文，言文之相即非為義，如實之義不可言議，今者如來云何說法？」

佛言：「我說法者，以汝眾生在生說故，說不可說，是故說之。我所說者，義語非文；眾生說者，文語非義。非義語者皆悉空無，空無之言，無言於義；不言義者皆是妄語，如義語者實空不空，空實不實，離於二相中間不中，不中之法離於三相，不見處所。如如如說，如無無有，無有於無，如無有無，有無於有。如有無不在，說不在說故，不在於如，如不有如，不無如說。」

舍利弗言：「一切衆生從一闡提，闡提之心住何等位，得至如來如來實相？」

佛言：「從闡提心，乃至如來如來實相，住五等位。一者、信位，信此身中真如種子為妄所翳，捨離妄心淨心清白，知諸境界意言分別。二者、思位，思者觀諸境界唯是意言，意言分別隨意顯現，所見境界非我本識，知此本識非法、非義、非所取、非能取。三者、修位，修者常起能起，起修同時，先以智導排諸障難，出離蓋纏。四者、行位，行者離諸行地，心無取捨，極淨根利，不動心如，決定實性，大般涅槃，唯性空大。五者、捨位，捨者不住性空，正智流易，大悲如相，相不住如，三藐三菩提虛心不證，心無邊際不見處所，是至如來。善男子！五位一覺從本利入，若化衆生從其本處。」

舍利弗言：「云何從其本處？」

佛言：「本來無本，處於無處，空際入實，發菩提心而滿成聖道。何以故？善男子！如手執彼空，不得非不得。」

舍利弗言：「如尊所說，在事之先取以本利，是念寂滅。寂滅是如，總持諸德該羅萬法，圓融不二不可思議。當知是法，即是摩訶般若波羅蜜，是大神呪，是大明呪，是無上呪，是無等等呪。」

佛言：「如是！如是！真如空性，性空智火燒滅諸結，平等平等，等覺三地，妙覺三身，於九識中皎然明淨，無有諸影。善男子！是法非因非緣，智自用故；非動非靜，用性空故；義非有無，空相空故。善男子！若化衆生，令彼衆生觀入是義，入是義者是見如來。」

舍利弗言：「如來義觀不住諸流，應離四禪而超有頂。」

佛言：「如是！何以故？一切法名數，四禪亦如是。若見如來者，如來心自在，常在滅盡處，不出亦不入，內外平等故。善男子！如彼諸禪觀，皆為想空定，是如非復彼。何以故？以如觀如，實不見觀，如相諸相，相已寂滅；寂滅即如義，如彼想禪定，是動非是禪。何以故？禪性離諸動，非染非所染，非法非影離諸分別，本利義故。善男子！如是觀定，乃名為禪。」

舍利弗言：「不可思議！如來常以如實而化眾生，如是實義多文廣義，利根眾生乃可修之，鈍根眾生難以措意。云何方便令彼鈍根得入是諦？」

佛言：「令彼鈍根受持一四句偈，即入實諦，一切佛法攝在一四偈中。」

舍利弗言：「云何一四句偈？願為說之。」

於是尊者而說偈言：

因緣所生義，　是義滅非生，
滅諸生滅義，　是義生非滅。

爾時，大眾聞說是偈，僉大歡喜，皆得滅生滅，生般若性空智海。

金剛三昧經如來藏品第七

爾時，梵行長者從本際起，而白佛言：「尊者！生義不滅，滅義不生，如是如義即佛菩提。菩提之性則無分別，無分別智分別無窮，無窮之相唯分別滅，如是義相不可思議，不思議中乃無分別。尊者！一切法數無量無邊，無邊法相一實義性，唯住一性。其事云何？」

佛言：「長者！不可思議我說諸法，為迷者故，方便導故，一切法相一實義智。何以故？譬如一市開四大門，是四門中皆歸一市，如彼衆庶隨意所入，種種法味亦復如是。」

梵行長者言：「法若如是，我住一味應攝一切諸味。」

佛言：「如是！如是！何以故？一味實義如一大海，一切衆流無有不入。長者！一切法味猶彼衆流，名數雖殊其水不異，若住大海則括衆流，住於一味則攝諸味。」

梵行長者言：「諸法一味，云何三乘道其智有異？」

佛言：「長者！譬如江河淮海，大小異故，深淺殊故，名文別故，水在江中名為江水，水在淮中名為淮水，水在河中名為河水，俱在海中唯名海水。法亦如是，俱在真如唯名佛道。長者！住一佛道即達三行。」

梵行長者言：「云何三行？」

佛言：「一、隨事取行，二、隨識取行，三、隨如取行。長者！如是三行總攝衆門，一切法門無不此入。入是行者不生空相，如是入者可謂入如來藏，入如來藏者入不入故。」

梵行長者言：「不可思議！入如來藏如苗成實，無有入處，本根利力，利成得本，得本實際，其智幾何？」

佛言：「其智無窮，略而言之。其智有四，何者為四？一者、定智，所謂隨如；二者、不定智，所謂方便破病；三者、涅槃智，所謂除電覺際；四者、究竟智，所謂入實具足佛道。長者！如是四大事用，過去諸佛所說，是大橋梁，是大津濟，若化衆生，應用是智。長者！用是大用，復有三大事。一者、於三三昧內外不相奪，二者、於大義科隨道擇滅，三者、於如慧定以悲俱利。如是三事成就菩提，不行是事，則不能流入彼四智海，為諸大魔所得其便。長者！汝等大衆乃至成佛，常當修習勿令暫失。」

梵行長者言：「云何三三昧？」

佛言：「三三昧者，所謂空三昧、無相三昧、無作三昧，如是三昧。」

梵行長者言：「云何於大義科？」

佛言：「大謂四大，義謂陰、界、入等，科謂本識，是謂於大義科。」

梵行長者言：「不可思議！如是智事自利利人，過三界地不住涅槃，入菩薩道。如是法相，是生滅法，以分別故，若離分別，法應不滅。」

爾時，如來欲宣此義，而說偈言：

法從分別生，還從分別滅，滅諸分別法，是法非生滅。

爾時，梵行長者聞說是偈，心大欣懌，欲宣其義而說偈言：

諸法本寂滅，寂滅亦無生，是諸生滅法，是法非無生。

彼則不共此，為有斷常故，此則離於二，亦不在一住。

若說法有一，是相如毛輪，如焰水迷倒，為諸虛妄故。

若見於法無，是法同於空，如盲無目倒，說法如龜毛。

我今聞佛說，　如法非二見，　亦不依中住，　故從無住取。
如來所說法，　悉從於無住，　我從無住處，　是處禮如來。
敬禮如來相，　等空不動智，　不著無處所，　敬禮無住身。
我於一切處，　常見諸如來，　唯願諸如來，　為我說常法。

爾時，如來而作是言：「諸善男子！汝等諦聽，為汝衆等說於常法。善男子！常法非常法，非說亦非字，非諦非解脫，非無非境界，離諸妄斷際。是法非無常，離諸常斷見，了見識為常，是識常寂滅，寂滅亦寂滅。善男子！知法寂滅者，不寂滅心，心常寂滅。得寂滅者，心常真觀知諸名色，唯是癡心，癡心分別，分別諸法，更無異事出於名色。知法如是，不隨文語，心心於義，不分別我，知我假名，即得寂滅。若得寂滅，即得阿耨多羅三藐三菩提。」

爾時，長者梵行聞說是語，而說偈言：

名相分別事，　及法名為三，　真如正妙智，　及彼成於五。
我今知是法，　斷常之所繫，　入於生滅道，　是斷非是常。

如來說空法，遠離於斷常，因緣無不生，不生故不滅。
因緣執為有，如採空中華，猶取石女子，畢竟不可得。
離諸因緣取，亦不從他滅，及於己義大，依如故得實。
是故真如法，常自在如如，一切諸萬法，非如識所化。
離識法即空，故從空處說，滅諸生滅法，而住於涅槃。
大悲之所奪，涅槃滅不住，轉所取能取，入於如來藏。

爾時，大眾聞說是義，皆得正命，入於如來如來藏海。

金剛三昧經總持品第八

爾時，地藏菩薩從眾中起至于佛前，合掌𨄔跪而白佛言：「尊者！我觀大眾心有疑事，猶未得決，今者如來欲為除疑，我今為眾隨疑所問，願佛慈悲垂哀聽許。」

佛言：「菩薩摩訶薩！汝能如是救度眾生，是大悲愍不可思議，汝當廣問，為汝宣說。」

地藏菩薩言：「一切諸法云何不緣生？」

爾時，如來欲宣此義，而說偈言：

若法緣所生，　離緣可無法，
云何法性無，　而緣可生法？

爾時，地藏菩薩言：「法若無生，云何說法？法從心生。」

於是尊者而說偈言：

是心所生法，　是法能所取，
如醉眼空華，　是法然非彼。

爾時，地藏菩薩言：「法若如是，法則無待，無待之法，法應自成。」

於是尊者而說偈言：

法本無有無，　自他亦復爾，
不始亦不終，　成敗則不住。

爾時，地藏菩薩言：「一切諸法相，即本涅槃，涅槃及空相亦如是，無是等法，是法應如。」

佛言：「無如是法，是法是如。」

地藏菩薩言：「不可思議！如是如相，非共不共，意取業取即皆空寂。空寂心法，俱不可取，亦應寂滅。」

於是尊者而說偈言：

一切空寂法，　是法寂不空，　彼心不空時，　是得心不有。

爾時，地藏菩薩言：「是法非三諦，色空心亦滅，是法本滅時，是法應是滅。」

於是尊者而說偈言：

法本無自性，　由彼之所生，　不於如是處，　而有彼如是。

爾時，地藏菩薩言：「一切諸法無生無滅，云何不一？」

於是尊者而說偈言：

法住處無在，　相數空故無，　名說二與法，　是則能所取。

爾時，地藏菩薩言：「一切諸法相，不住於二岸，亦不住中流，心識亦如是。云何諸境界，從識之所生？若識能有生，是識亦從生。云何無生識，能生有所生？」

於是尊者而說偈言：

所生能生二，是二能所緣，俱本各自無，取有空華幻。
識生於未時，境不是時生，於境生未時，是時識亦滅。
彼即本俱無，亦不有無有，無生識亦無，云何境從有？

爾時，地藏菩薩言：「法相如是內外俱空，境智二衆本來寂滅，如來所說實相真空，如是之法，即非集也。」

佛言：「如是！如實之法，無色無住，非所集，非能集，非義非大，一本利法，深功德聚。」

地藏菩薩言：「不可思議！不思議聚！七五不生，八六寂滅，九相空無，有空無有，無空無有。如尊者所說法義皆空，入空無行不失諸業，無我我所能所身見，內外結使悉皆寂靜，故願亦息。如是理觀慧定真如，尊者常說，寔如空法，即良藥也。」

佛言：「如是！何以故？法性空故。空性無生，心常無生；空性無滅，心常無滅；空性無住，心亦無住；空性無為，心亦無為；空無出入，離諸得失，界、陰、入等皆悉亦無，心如不著，亦復如是。菩薩！我說空法破諸有故。」

地藏菩薩言：「尊者！知有非實如陽焰水，知實非無如火性生，如是觀者是人智也。」

佛言：「如是！何以故？是人真觀，觀一寂滅相與不相等，以空取空，以修空故，不失見佛。以見佛故，不順三流，於大乘中三解脫道，一體無性。以其無性故空，空故無相，無相故無作，無作故無求，無求故無願，無願故以是知業，故須淨心；以心淨故，便得見佛，以見佛故，當生淨土。菩薩！於是深法三化勤修，慧定圓成即超三界。」

地藏菩薩言：「如來所說無生無滅，即是無常。滅是生滅，生滅滅已，寂滅為常，常故不斷，是不斷法。離諸三界動不動法，於有為法如避火坑，依何等法而自呵責，入彼一門？」

佛言：「菩薩！於三大事呵責其心，於三大諦而入其行。」

地藏菩薩言：「云何三事而責其心？云何三諦而入一行？」

佛言：「三大事者，一、謂因，二、謂果，三、謂識。如是三事，從本空無，非我真我，云何於是而生愛染？觀是三事為繫所縛，飄流苦海，以如是事，常自呵責。三大諦者，一、謂菩提之道是平等諦，非不平等諦；二、謂大覺正智得諦，非邪智得諦；三、謂慧定無異行入諦，非雜行入諦。以是三諦而修佛道，是人於是法無不得正覺，得正覺智流大極慈，己他俱利成佛菩提。」

地藏菩薩言：「尊者！如是之法則無因緣，若無緣法，因則不起。云何不動法入如來？」

爾時，如來欲宣此義，而說偈言：

一切諸法相，　性空無不動，　是法於是時，　不於是時起。
法無有異時，　不於異時起，　法無動不動，　性空故寂滅。
性空寂滅時，　是法是時現，　離相故寂住，　寂住故不緣。
是諸緣起法，　是法緣不生，　因緣生滅無，　生滅性空寂。

緣性能所緣，　是緣本緣起，　故法起非緣，　緣無起亦爾。
因緣所生法，　是法是因緣，　因緣生滅相，　彼則無生滅。
彼如真實相，　本不於出沒，　諸法於是時，　自生於出沒。
是故極淨本，　本不因衆力，　即於後得處，　得彼於本得。

爾時，地藏菩薩聞佛所說，心地快然；時諸衆等無有疑者，知衆心已，而說偈言：

我知衆心疑，　所以殷固問，　如來大慈善，　分別無有餘。
是諸二衆等，　皆悉得明了，　我今於了處，　普化諸衆生。
如來之大悲，　不捨於本願，　故於一子地，　而住於煩惱。

爾時，如來而告衆言：「是菩薩者不可思議！恒以大慈拔衆生苦。若有衆生持是經法，持是菩薩名者，即不墮於惡趣，一切障難皆悉除滅。若有衆生無餘雜念，專念是經如法修習，爾時菩薩常作化身而為說法，擁護是人終不暫捨，令是人等速得阿耨多羅三藐三菩提。汝等！菩薩若化衆生，皆令修習如是大乘決定了義。」

爾時，阿難從座而起，前白佛言：「如來所說大乘福聚，決定斷結，無生覺利不可思議，如是之法，名為何經？受持是經，得幾所福？願佛慈悲，為我宣說。」

佛言：「善男子！是經名者不可思議，過去諸佛之所護念，能入如來一切智海。若有眾生持是經者，則於一切經中無所悕求。是經典法，總持眾法，攝諸經要；是諸經法，法之繫宗。是經名者，名攝大乘經，又名金剛三昧，又名無量義宗。若有人受持是經典者，即名受持百千諸佛如是功德，譬如虛空無有邊際不可思議。我所囑累，唯是經典。」

阿難言：「云何心行？云何人者受持是經？」

佛言：「善男子！受持是經者，是人心無得失，常修梵行。若於戲論常樂靜心，入於聚落心常在定，若處居家不著三有。是人現世，有五種福：一者、眾所尊敬，二者、身不橫夭，三者、辯答邪論，四者、樂度眾生，五者、能入聖道。如是人者受持是經。」

阿難言：「如彼人者，度諸衆生得受供養不？」

佛言：「如是人者，能為衆生作大福田，常行大智權實俱演，是四依僧，於諸供養乃至頭目、髓腦，亦皆得受，何況衣食而不得受！善男子！如是人者，是汝知識，是汝橋梁，何況凡夫而不供養！」

阿難言：「於彼人所受持是經，供養是人得幾所福？」

佛言：「若復有人，持以滿城金銀而以布施，不如於是人所，受持是經一四句偈，供養是人不可思議。善男子！令諸衆生持是經者，心常在定，不失本心，若失本心，當即懺悔。懺悔之法，是為清涼。」

阿難言：「懺悔先罪，不入於過去也。」

佛言：「如是！猶如暗室若遇明燈，暗即滅矣。善男子！無說悔先，所有諸罪，而以為說入於過去。」

阿難言：「云何名為懺悔？」

佛言：「依此經教入真實觀，一入觀時諸罪悉滅，離諸惡趣當生淨土，速成阿耨多羅三藐三菩提。」

佛說是經已，爾時阿難及諸菩薩、四部大眾皆大歡喜，心得決定，頂禮佛足，歡喜奉行。

金剛三昧經

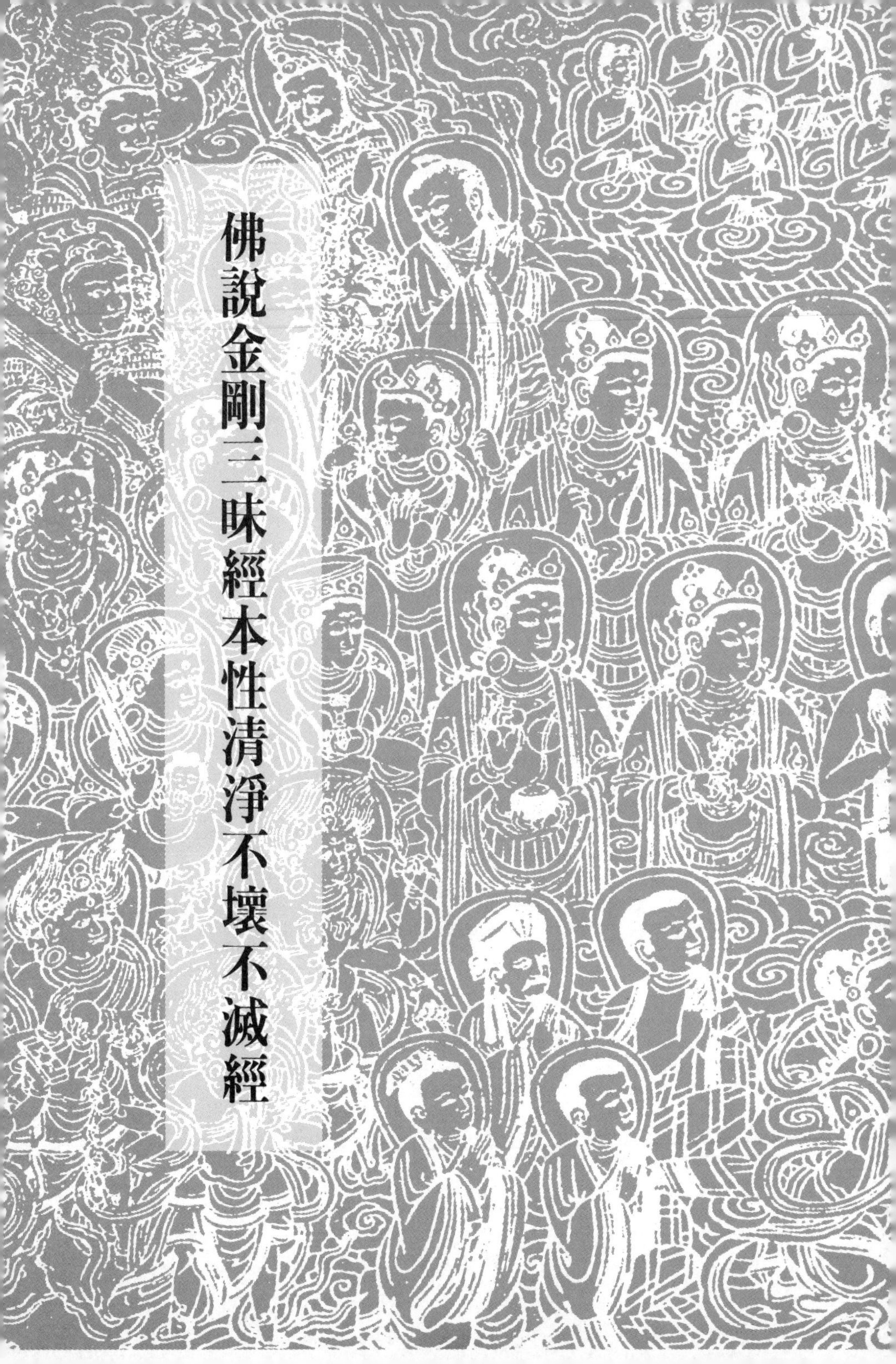

佛說金剛三昧經本性清淨不壞不滅經

佛說金剛三昧本性清淨不壞不滅經

失譯經人名今附三秦錄

如是我聞：一時，佛在毘耶離國大林精舍重閣講堂，與大比丘衆五千人俱，尊者摩訶迦葉、尊者舍利弗、尊者大目揵連、尊者摩訶迦旃延等，衆所知識。菩薩摩訶薩萬八千人俱，其名曰文殊師利菩薩、梵德菩薩、光德菩薩、星德菩薩、師子王菩薩、師子藏菩薩、妙音聲菩薩、白香象菩薩、金剛幢菩薩、解脫月菩薩、須彌相菩薩、彌勒菩薩摩訶薩，皆如是等上首者也。他方復有慧德菩薩、星德菩薩、常莊嚴菩薩、普光菩薩、普賢菩薩、滿月菩薩、觀世音菩薩、大勢至菩薩、妙音菩薩、虛空藏菩薩、淨音聲菩薩，如是等菩薩摩訶薩萬八千人俱。梵、釋、護世天王、無數天子俱，難陀龍王、跋難陀龍王與四大龍王及其眷屬百千諸龍，各持如意珠王以供養佛。乾闥婆王、阿修羅王、迦樓羅王、摩睺羅伽王、大力鬼王，各與眷屬其數無量，持堅黑沈水及海此岸栴檀雜香，供養於佛。他方梵王名曰廣目，與思益網明十千梵俱，持天曼陀羅華、摩訶曼陀羅華，以散佛上及諸大衆。諸梵所散微妙天華，柔軟鮮明甚可愛樂，當於佛上化成華帳，顯發光飾重閣講堂，猶如淨國七寶莊嚴。

爾時，世尊從精舍出，往詣法座。自敷尼師壇結加趺坐，入滅意三昧，身心不動；從滅意三昧起，入師子吼意三昧；從師子吼意三昧起，入師子奮迅王三昧；從師子奮迅王三昧起，入大光明王三昧；從大光明王三昧起，入大悲王相三昧；從大悲王相三昧起，入無緣慈想三昧；從無緣慈想三昧起，入勝意慈三昧；從勝意慈三昧起，入大空三昧；從大空三昧起，入如相三昧；從如相三昧起，入解脫相三昧；從解脫相三昧起，入不壞不滅王三昧；從不壞不滅王三昧起，入金剛三昧；從金剛三昧起，入大空涅槃相三昧。

爾時，世尊從諸三昧起，遍身放光。其光如雲入佛面門，從佛頂出如金剛幢住於虛空，普照大會及毘耶離城重閣講堂，猶白寶色，一切大衆覩此相。時彌勒即從坐起，偏袒右肩繞佛七匝，頂禮佛足右膝著地，而白佛言：「世尊！如來大仙今日何故入勝三昧？光明益顯昔所未有，必當為諸法王子說法王位法王地行。云何菩薩摩訶薩住首楞嚴三昧？以何莊嚴？以何方便？修何智慧？得住金剛三昧，即得成就阿耨多羅三藐三菩提。」

是時，大衆聞彌勒菩薩問佛此義，皆大歡喜，異口同音讚彌勒菩薩：「善哉！善哉！法王子！乃能問佛如是大義。」

爾時，世尊告彌勒菩薩：「諦聽！諦聽！善思念之，今當為汝分別解說菩薩所行功德地法。初地菩薩，猶如初月光明未顯，然其明相皆悉具足；二地菩薩如五日月；三地菩薩如八日月；四地菩薩如九日月；五地菩薩如十日月；六地菩薩如十一日月；七地菩薩如十二日月；八地菩薩如十三日月；九地菩薩如十四日月；十地菩薩如十五日月，圓滿可觀明相具足，其心淡泊安住不動，不沒不退住首楞嚴三昧。菩薩住首楞嚴三昧已，如月天子十寶為宮，生十寶樹月精摩尼以為樹果，此珠力故，月天子宮行閻浮提普施清涼，菩薩摩訶薩住首楞嚴三昧，亦復如是。彌勒！當知菩薩摩訶薩住首楞嚴三昧，已修百三昧門，然後乃入金剛三昧。

「何等為百？一者、性空王三昧，二者、空海三昧，三者、空界三昧，四者、滅空意三昧，五者、大空三昧，六者、不住空相三昧，七者、不見心相三昧，八者、智印空相三昧，九者、虛空不住相三昧，十者、空王不壞滅相三昧，十一者、大強勇猛力王三昧，十二者、華嚴三昧，十三者、普現色身光明王三昧，十四者、日光三昧，十五者、日藏三昧，十六者、日光赫奕三昧，十七者、普日三昧，十八者、集音聲三昧，十九者、默然光三昧，二十者、滅境界相三昧，二十一者、動相三昧，二十二者、大動相三昧，二十三者、遍動相三昧，二十四者、普遍動相三昧，二十五者、普踴三昧，二十六者、普吼三昧，二十七者、普莊嚴三昧，二十八者、師子相三昧，二十九者、師子力王三昧，三十者、師子吼力王三昧。

「三十一者、日耀三昧，三十二者、慧炬三昧，三十三者、普門三昧，三十四者、蓮華藏三昧，三十五者、不壞淨三昧，三十六者、滅度意三昧，三十七者、寶印三昧，三十八者、動魔相三昧，三十九者、堅住諸空相三昧，四十者、普滅意三昧，四十一者、起靜意三昧，四十二者、莊嚴相好三昧，四十三者、法王位明三昧，四十四者、法輪現三昧，四十五者、金剛藏三昧，四十六者、金剛幢三昧，四十七者、金剛印三昧，四十八者、金剛聚三昧，四十九者、大慈王三昧，五十者、無行慈三昧，五十一者、大悲勝意三昧，五十二者、不住悲相三昧，五十三者、日輪光明三昧，五十四者、滅衆相降伏衆魔三昧，五十五者、勝意慈三昧，五十六者、琉璃光照三昧，五十七者、七寶果光三昧，五十八者、佛集藏三昧，五十九者、功德滿勝三昧，六十者、方便慧三昧。

「六十一者、無慧相三昧，六十二者、大海光三昧，六十三者、佛海滿三昧，六十四者、普海三昧，六十五者、海智三昧，六十六者、不動慧三昧，六十七者、過去佛印三昧，六十八者、集陀羅尼三昧，六十九者、陀羅尼印綬三昧，七十者、八辯才三昧，七十一者、具梵音三昧，七十二者、白毫海三昧，七十三者、智慧光三昧，七十四者、黠慧三昧，七十五者、諸佛印文三昧，七十六者、白光踊出光明王三昧，七十七者、方便慧淨首楞嚴三昧，七十八者、須彌頂三昧，七十九者、梵頂三昧，八十者、衆通光三昧，八十一者、通慧光三昧，八十二者、甘露勝三昧，八十三者、淨五眼三昧，八十四者、天眼印三昧，八十五者、慧眼印三昧，八十六者、法意珠三昧，八十七者、虛空色三昧，八十八者、心不著三昧，八十九者、滅言說三昧，九十者、無心意三昧。

「九十一者、戒具慧三昧，九十二者、頂勝士三昧，九十三者、調御意三昧，九十四者、不見慧三昧，九十五者、斷十二因緣三昧，九十六者、金剛光慧三昧，九十七者、摩尼焰三昧，九十八者、金剛坐顯現三昧，九十九者、法輪王吼力三昧，一百者、受法王印三昧。彌勒！當知此百三昧如摩尼珠光光相照，隨入首楞嚴三昧海，菩薩摩訶薩住此百三昧已，所有智慧如空中日，諸煩惱海如微烟障。

「彌勒！當知如阿耨大池出四大河，此四大河分為八河，及閻浮提一切衆流皆歸大海，以沃燋山故大海不增，以金剛輪故大海不減，此金剛輪隨時轉故，令大海水同一鹹味，此百三昧亦復如是。彌勒！當知如轉輪王以十善力故七寶來應，其金輪寶威德特尊普伏一切，其神珠寶適衆生願隨意無礙，以千子故威猛莊嚴；此轉輪王若欲行時，足下生毛躡虛而遊，有十寶華以承王足。彌勒！當知此百三昧從道種智十波羅蜜生，安隱不去亦復不住，寂靜無為住爾焰地；此爾焰地不熏不修，自然當得八萬四千諸三昧門。此諸三昧，如金剛山不可沮壞，畢竟住於大空邊際，亦復遊入無相法界，於諸法中不見來去及住滅相，其心寂然，即得超入金剛三昧。此金剛三昧，如梵王頂上因陀羅寶珠，不見色相而有光明，金剛三昧不見使海及使邊際。彌勒！當知如自在天所有火珠，無形無相但有光明，柔軟可愛能雨香華，適諸天意，復能顯發金色光明，映蔽一切諸天身光。彌勒！當知此火珠光無心無識，欲破於闇，以珠力故闇自然滅，諸天身色明倍於常。金剛三昧亦復如是，不滅結使使海自竭，不斷生死三毒自滅。

「彌勒！當知譬如力士額上明珠及肘後珠，常以呪術隱蔽此珠不令他見。金剛三昧大光隱寂，不見結使使山自崩，不觀煩惱滅四大種，諸愛河竭無常風斷。彌勒！當知如師子王振威大吼，一切衆獸自然摧伏。金剛三昧從毘婆舍那出入舍摩他中，如金剛劍入金剛山，不見其迹。是金剛三昧不住不起、不滅不壞、不斷不異、不脫不變，入慧明性舉起甚深，一合相智不見身心法，然後成阿耨多羅三藐三菩提；此菩提智不離不生，無有衆相不可沮壞，如金剛山無能傾動。金剛三昧不退不沒，入於畢竟大寂滅處，遊戲自在三昧海中，諸佛如來以此三昧王三昧力故，普至一切諸空法界，而能遊戲聖解脫處。」

佛說此語時，彌勒菩薩應時卽得百法明門，時會大衆諸菩薩等身心歡喜，有得首楞嚴三昧，有得百法明門者，其數無量。梵、釋、護世、諸天子雨諸天華作衆伎樂，以供養佛。大衆異口同音，讚歎彌勒菩薩：「善哉！善哉！善男子！乃能問於如來如是無上大智慧義，我等因汝得服無上甘露法味，獲大善利，唯願尊者為我諮問，未來衆生聞此法者得幾所福？」

佛告大衆：「諦聽！諦聽！善思念之。乃往過去九十一劫，有佛世尊名曰寶華，十號具足，時寶華佛為諸菩薩廣說如是百三昧門，彼時會中有千比丘，聞佛世尊說是三昧，身心隨喜，以隨喜善根因緣力故，超越五百萬億阿僧祇劫生死之罪。彼時千比丘豈異人乎？於今賢劫千佛是也。」

佛告大眾：「佛滅度後，若比丘、比丘尼、優婆塞、優婆夷、天龍八部及餘一切，若得暫聞佛勝智慧，深心隨喜不起誹謗，於百千劫終不墮三惡道，生生之處恒得值遇諸佛、菩薩以為眷屬。若聞此法不起疑謗，命終之後必定得生兜率天上，屬值彌勒聞說甚深不退轉地法輪之行。若有受持讀誦、解說書寫，香華伎樂種種供養，此諸人等臨命終時，若能至心念佛法身，應時卽見九十億佛俱來授手，隨意往生諸佛淨國，遊戲自在諸三昧海。」

佛告彌勒及勅阿難：「汝好受持，慎勿忘失，乃至法滅，當廣宣說。」

阿難白佛言：「世尊！當何名此經？此法之要云何奉持？」

佛告阿難：「此經名為百三昧海不壞不滅，亦名金剛相寂滅不動，亦名金剛三昧本性清淨不壞不滅經，當奉持之。」

佛說此語時，舍利弗等諸大聲聞，彌勒等諸大菩薩，天龍八部一切大衆，皆大歡喜禮佛而退。

佛說金剛三昧本性清淨不壞不滅經

力莊嚴三昧經

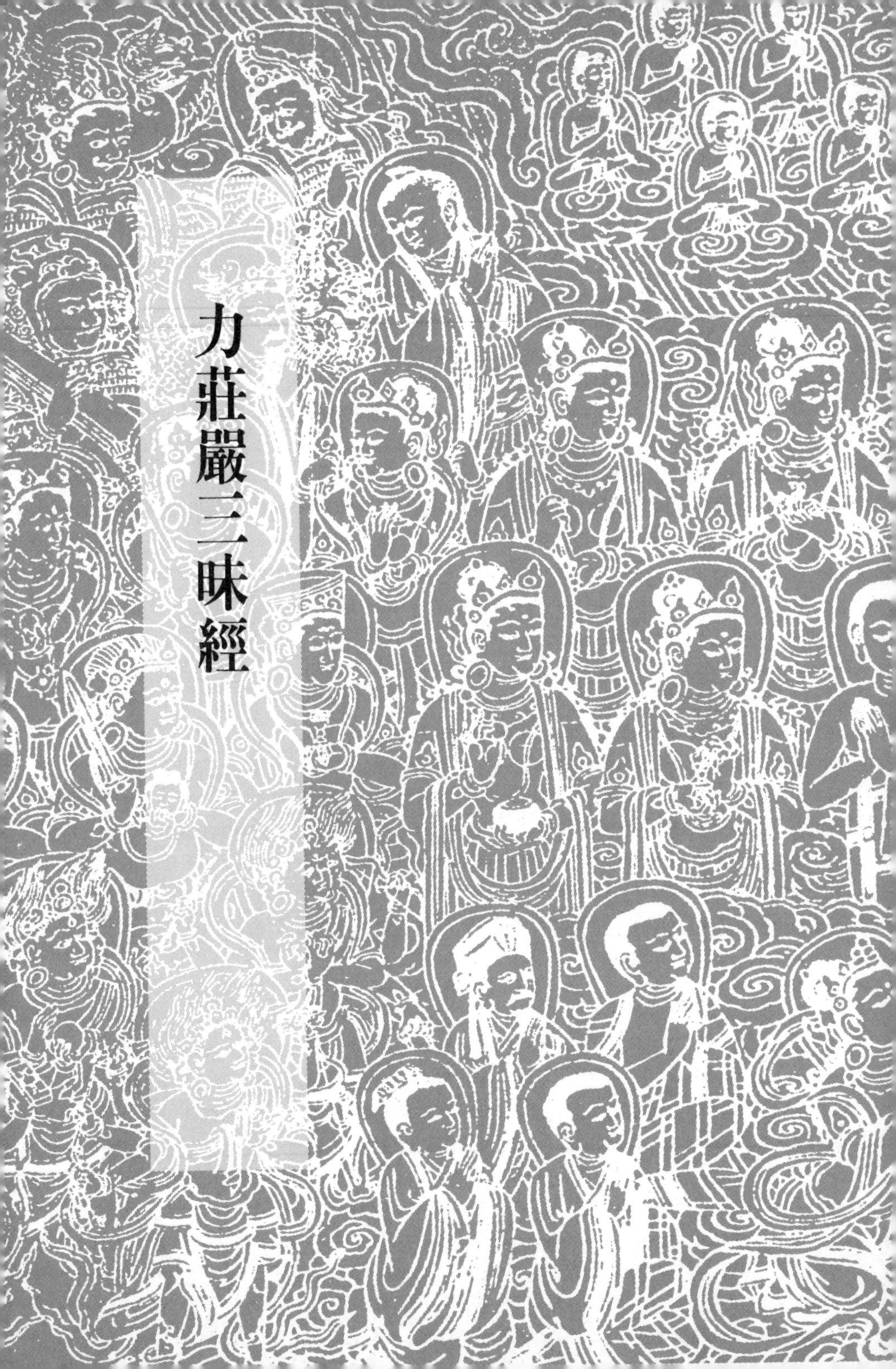

力莊嚴三昧經卷上

隋天竺三藏那連提耶舍譯

如是我聞：一時，婆伽婆住舍婆提城祇陀林樹給孤獨園，與比丘衆五百人俱，一切皆是大阿羅漢，諸漏已盡無復煩惱，心得好解脫，慧得好解脫，其心柔和猶調伏象，內外清淨究竟，斷除五陰重擔，所作已辦不受後有，猶如諸佛解脫無為，不為有為生死遷動，唯除一人在於學地，所謂長老阿難比丘。一切皆得寂滅之法，一切皆得調伏之法，一切具足最勝之法，一切不住於意識中，一切皆得種種解脫，一切皆得自在神通。

復有八十百千菩薩摩訶薩等而為上首，所謂文殊師利童子、智輪大海辯才童子、蓮華藏光一切衆生眼童子、無邊心廣義慧童子、天寶炎光善照耀幢童子、難可譬喻善色愛見童子、觀諸衆生眼視不瞬童子、大願不虛見童子、深遠雷震鼓音響聲童子、離障礙一切衆生眼童子、寶藏炎輪廣德童子、多福德衆生見勝幢童子、勝妙無邊香光童子、無邊力精進善大奮迅童子、牢固精進無邊智光幢童子、一切差別德勝智童子、不可破壞能常最勝童子、成就一切自在導師童子、相好莊嚴清淨福行善名稱童子、一切衆生最愛樂童子，如是等衆諸童子俱，一切皆得不退轉道。以金剛鎧大願莊嚴，心常寂靜盡諸有邊，不壞法中得大清淨，最勝清淨彼岸清淨，一切清淨行皆清淨。

爾時，世尊於彼後夜第一分中，入于三昧；此之三昧，名力莊嚴。入三昧已，悉知過去、現在、未來一切衆生生死業行，佛神力故。是時此處祇陀樹園地及虛空一切，皆滿天衣寶帳交絡網縵，天蓋幢幡閦塞周遍，又垂種種雜妙流蘇細蘂，天花繽紛亂墜，林樹間錯七寶厠填，種種莊嚴布散於地；天諸香葉、天彌那羅、天桂欝金及熏香等，煙雲微密靉靆氛氳，時卷時舒可愛可樂。時祇陀樹如是種種天寶莊嚴，廣博淨故有大威德，具衆光明照耀虛空，盡十方面現此難量。諸莊嚴已，有師子座自然而出，殊特妙好勝天報成，以座莊嚴光因緣故，令此三千大千世界一切赫耀皆光照明，譬如夜中然大炬火，一切暗冥悉滅無餘。

爾時，此三千大千世界娑婆國土所有穢惡、丘陵、埠阜、崖岸、川原、礫石、土砂、高下、坑坎、陂池、溝壑、泉井、江湖、小河、大河、小海、大海、須彌海島，尼民陀羅仙聖所居十寶諸山斫迦婆羅，及大斫迦婆羅山等，悉皆平坦無諸荊棘，并餘叢林清淨端平如琉璃掌。又有種種七寶莊嚴，天曼陀花遍覆於地，天葉藕根、天多摩羅、天桂欝金，香熏雲氣普皆周遍，繞虛空中。又有諸天無量音樂，百千萬億那由他種自然出聲，悉說妙法。

時此三千大千世界滿虛空中，種種七寶蓮花莊嚴，最勝香光皆作金色，純青琉璃用以為莖，臺廣七肘皆高七尋，蓮花開敷甚可喜樂；天栴檀樹、曼陀花樹、天龍花樹，其樹各各高七多羅，枝葉扶疎，色香具足，青、黃、赤、白，皆如蓮花，如是莊嚴三千大千一切地界至有頂天，悉如天宮淨妙國土。現是變已，是時一切無量衆生，以佛力加故無障礙，此彼徹見猶淨琉璃，難可思量佛境界故。

爾時，此三千大千世界地住諸天，乃至一切迦膩吒天，并及五百羅漢比丘，八十百千菩薩眾等，作如是念：「此是如來力莊嚴力，此是如來人中師子，此是如來最大奮迅，此是如來師子奮迅，此是如來大大師子奮迅踊躍，此是如來大大神通莊嚴之事，不可思議，不可讚歎。」如是見已，天及聲聞、諸菩薩等一切大眾，皆於佛所生大信心，胡跪合掌，一心低頭供養而住。

爾時，東方過如恒河沙等世界，彼有佛剎，名一切光。其中有佛，號無邊光多陀阿伽度、阿羅呵、三藐三佛陀，與大比丘眾八千萬比丘尼三千萬、菩薩摩訶薩八十百千萬、優婆塞八十八萬、優婆夷七十千萬，亦有最大威德天人，皆於彼眾圍遶佛座，聽說法要。

爾時，南方過如恒河沙等世界，彼有佛剎，名曰大光。其中有佛，號無邊精進多陀阿伽度、阿羅呵、三藐三佛陀，與大比丘眾十千萬人俱，菩薩摩訶薩四十千萬、優婆塞六十千萬，亦有最大威德天人，皆於彼眾圍遶佛座，聽說法要。

爾時，西方過如恒河沙等世界，彼有佛剎，名曰普光。其中有佛，號曰普見多陀阿伽度、阿羅呵、三藐三佛陀，與大比丘二億眾俱，三億比丘尼、九億六千萬菩薩摩訶薩眾、八億優婆塞、六億優婆夷，亦有最大威德天人，皆於彼眾圍遶佛座，聽說法要。

爾時，北方過如恒河沙等世界，彼有佛剎，名曰大燈。其中有佛，號曰作光多陀阿伽度、阿羅呵、三藐三佛陀，與大比丘六億眾俱，四萬比丘尼、八億菩薩摩訶薩眾、九億優婆塞、八億優婆夷，亦有最大威德天人，皆於彼眾圍遶佛座，聽說法要。

爾時，東北方過如恒河沙等世界，彼有佛剎，名曰金光照耀。其中有佛，號金色光多陀阿伽度、阿羅呵、三藐三佛陀，與大比丘七億眾俱，三億比丘尼、八億菩薩摩訶薩眾、九億優婆塞、八億優婆夷，亦有最大威德天人，皆於彼眾圍遶佛座，聽說法要。

爾時，東南方過如恒河沙等世界，彼有佛剎，名大炬光。其中有佛，號不可思議日光多陀阿伽度、阿羅呵、三藐三佛陀，與大比丘八億四千萬、一億八千萬比丘尼、九億六千萬菩薩摩訶薩、八億八千萬優婆塞、八億優婆夷，亦有最大威德天人，皆於彼衆圍遶佛座，聽說法要。

爾時，西南方過如恒河沙等世界，彼有佛剎，名善勝光。其中有佛，號曰大光多陀阿伽度、阿羅呵、三藐三佛陀，與大比丘衆九億六千萬、八億比丘尼、九億二千萬菩薩摩訶薩、九億優婆塞、九億六千萬優婆夷，亦有最大威德天人，皆於彼衆圍遶佛座，聽說法要。

爾時，西北方過如恒河沙等世界，彼有佛剎，名寶智意。其中有佛，號寶藏光多陀阿伽度、阿羅呵、三藐三佛陀，與大比丘八億衆俱，二億比丘尼、八億菩薩摩訶薩衆、八億八千萬優婆塞、七億優婆夷，亦有最大威德天人，皆於彼衆圍遶佛座，聽說法要。

爾時，上方過如恒河沙等世界，彼有佛剎，名日月光。其中有佛，號月幢光多陀阿伽度、阿羅呵、三藐三佛陀，與大比丘十億衆俱，三億比丘尼、八億菩薩摩訶薩衆、九億二千萬優婆塞、九億優婆夷，亦有最大威德天人，皆於彼衆圍遶佛座，聽說法要。

爾時，下方過如恒河沙等世界，彼有佛剎，名離垢光。其中有佛，號普眼見多陀阿伽度、阿羅呵、三藐三佛陀，與大比丘衆九億六千萬、四億比丘尼、九億四千萬菩薩摩訶薩、八億優婆塞、七億優婆夷，亦有最大威德天人，皆於彼衆圍遶佛座，聽說法要。

爾時，文殊師利童子及一切衆生最愛樂童子，如是衆等二十童子，一時俱起到於佛所。到佛所已，時釋迦佛在三昧中，百福莊嚴寂然不動。時諸童子各各默然，偏袒右臂頂禮佛足，右遶如來遶三匝已，譬如壯士屈伸臂頃，各往十方。

爾時，文殊師利童子、智輪大海辯才童子向於東方，度如恒河沙等國土，彼有世界，名一切光。其中有佛，號無邊光如來、應供、正遍知十號具足，為諸大衆說微妙法。時二童子到彼剎已，為佛作禮，坐於衆中。

爾時，蓮花藏光一切衆生眼童子、無邊心廣義慧童子等向於南方，度如恒河沙等國土，彼有世界，名曰大光。其中有佛，號無邊精進如來、應供、正遍知十號具足，為諸大衆說微妙法。時二童子到彼剎已，為佛作禮，坐於衆中。

爾時，天寶炎光善照耀幢童子、難可譬喻善色愛見童子等向於西方，度如恒河沙等國土，彼有世界，名曰普光。其中有佛，號曰普見如來、應供、正遍知十號具足，為諸大衆說微妙法。時二童子到彼剎已，為佛作禮，坐於衆中。

爾時，觀諸衆生眼視不瞬童子、大願不虛見童子等向於北方，度如恒河沙等國土，彼有世界，名曰大燈。其中有佛，號曰光作如來、應供、正遍知十號具足，為諸大衆說微妙法。時二童子到彼剎已，為佛作禮，坐於衆中。

爾時，深遠雷震鼓音響聲童子、離障礙一切衆生眼童子等向東北方，度如恒河沙等國土，彼有世界，名金光照。其中有佛，號金色光如來、應供、正遍知十號具足，為諸大衆說微妙法。時二童子到彼剎已，為佛作禮，坐於衆中。

爾時，寶藏炎輪廣德童子、多福德衆生見勝幢童子等向東南方，度如恒河沙等國土，彼有世界，號大炬光。其中有佛，號不可思議日光如來、應供、正遍知十號具足，為諸大衆說微妙法。時二童子到彼剎已，為佛作禮，坐於衆中。

爾時，勝妙無邊香光童子、無邊力精進善大奮迅童子等向西南方，度如恒河沙等國土，彼有世界，名善勝光。其中有佛，號曰大光如來、應供、正遍知十號具足，為諸大眾說微妙法。時二童子到彼剎已，為佛作禮，坐於眾中。

爾時，牢固精進無邊智光幢童子、一切差別德勝智童子等向西北方，度如恒河沙等國土，彼有世界，名寶意慧。其中有佛，號寶藏光如來、應供、正遍知十號具足，為諸大眾說微妙法。時二童子到彼剎已，為佛作禮，坐於眾中。

爾時，不可破壞能常最勝童子、成就一切自在導師童子等向於上方，度如恒河沙等國土，彼有世界，名日月光。其中有佛，號寶幢光如來、應供、正遍知十號具足，為諸大眾說微妙法。時二童子到彼剎已，為佛作禮，坐於眾中。

爾時，相好莊嚴清淨福行善名稱童子、一切眾生最愛樂童子等向於下方，度如恒河沙等國土，彼有世界，名離垢光。其中有佛，號普眼見如來、應供、正遍知十號具足，為諸大眾說微妙法。時二童子到彼剎已，為佛作禮，坐於眾中。

爾時，無邊光如來、應、正遍知為諸大眾知，而故問文殊師利童子、智輪大海辯才童子等言：「汝二大士！從何所來？」

時二童子報彼佛言：「世尊！此剎西方過如恒河沙等世界，國名娑婆，佛號釋迦牟尼如來多陀阿伽度、阿羅呵、三藐三佛陀，以大莊嚴入于三昧。我等從彼佛世尊所恭敬頂禮，三遶畢來。」

爾時，無邊精進如來、應供、正遍知為諸大眾知，而故問蓮華藏光一切眾生眼童子、無邊心廣義慧童子等言：「汝二大士！從何所來？」

時二童子報彼佛言：「世尊！此剎北方過如恒河沙等世界，國名娑婆，佛號釋迦牟尼如來多陀阿伽度、阿羅呵、三藐三佛陀，以大莊嚴入于三昧。我等從彼佛世尊所恭敬頂禮，三遶畢來。」

爾時，普見如來、應、正遍知為諸大眾知，而故問天寶炎光善照曜幢童子、難可譬喻善色愛見童子等言：「汝二大士！從何所來？」

時二童子報彼佛言：「世尊！此剎東方過如恒河沙等世界，國名娑婆，佛號釋迦牟尼如來多陀阿伽度、阿羅呵、三藐三佛陀，以大莊嚴入于三昧。我等從彼佛世尊所恭敬頂禮，三遶畢來。」

爾時，大燈如來、應、正遍知為諸大眾知，而故問觀諸眾生眼視不瞬童子、大願不虛見童子等言：「汝二大士！從何所來？」

時二童子報彼佛言：「世尊！此剎南方過如恒河沙等世界，國名娑婆，佛號釋迦牟尼如來多陀阿伽度、阿羅呵、三藐三佛陀，以大莊嚴入于三昧。我等從彼佛世尊所恭敬頂禮，三遶畢來。」

爾時，金色光如來、應、正遍知為諸大眾知，而故問深遠雷震鼓音響聲童子、離障礙一切眾生眼童子等言：「汝二大士！從何所來？」

時二童子報彼佛言：「世尊！此剎西南方過如恒河沙等世界，國名娑婆，佛號釋迦牟尼如來多陀阿伽度、阿羅呵、三藐三佛陀，以大莊嚴入于三昧。我等從彼佛世尊所恭敬頂禮，三遶畢來。」

爾時，不可思議日光如來、應、正遍知為諸大眾知，而故問寶藏炎輪廣德童子、多福德眾生見勝幢童子等言：「汝二大士！從何所來？」

時二童子報彼佛言：「世尊！此剎西北方過如恒河沙等世界，國名娑婆，佛號釋迦牟尼如來多陀阿伽度、阿羅呵、三藐三佛陀，以大莊嚴入于三昧。我等從彼佛世尊所恭敬頂禮，三遶畢來。」

爾時，善光如來、應、正遍知為諸大衆知，而故問勝妙無邊香光童子、無邊力精進善大奮迅童子等言：「汝二大士！從何所來？」

時二童子報彼佛言：「世尊！此剎東北方過如恒河沙等世界，國名娑婆，佛號釋迦牟尼如來多陀阿伽度、阿羅呵、三藐三佛陀，以大莊嚴入于三昧。我等從彼佛世尊所恭敬頂禮，三遶畢來。」

爾時，寶藏光如來、應、正遍知為諸大衆知，而故問牢固精進無邊智光幢童子、一切差別德勝智童子等言：「汝二大士！從何所來？」

時二童子報彼佛言：「世尊！此剎東南方過如恒河沙等世界，國名娑婆，佛號釋迦牟尼如來多陀阿伽度、阿羅呵、三藐三佛陀，以大莊嚴入于三昧。我等從彼佛世尊所恭敬頂禮，三遶畢來。」

爾時，寶幢光如來、應、正遍知為諸大眾知，而故問不可破壞能常最勝童子、成就一切自在導師童子等言：「汝二大士！從何所來？」

時二童子報彼佛言：「世尊！此剎下方過如恒河沙等世界，國名娑婆，佛號釋迦牟尼如來多陀阿伽度、阿羅呵、三藐三佛陀，以大莊嚴入于三昧。我等從彼佛世尊所恭敬頂禮，三遶畢來。」

爾時，普眼見如來、應、正遍知為諸大眾知，而故問相好莊嚴清淨福行善名稱童子、一切眾生最愛樂童子等言：「汝二大士！從何所來？」

時二童子報彼佛言：「世尊！此剎上方過如恒河沙等世界，國名娑婆，佛號釋迦牟尼如來多陀阿伽度、阿羅呵、三藐三佛陀，以大莊嚴入于三昧。我等從彼佛世尊所恭敬頂禮，三遶畢來。」

爾時，十方諸佛世界，聞此釋迦牟尼如來多陀阿伽度、阿羅呵、三藐三佛陀十號名已，彼十方剎一切佛土皆大震動：動、遍動、等遍動，震、遍震、等遍震，踊、遍踊、等遍踊。如是動已，時彼十方諸佛侍者，各各合掌白於佛言：「世尊！何因緣故，*今此三千大千世界如是大動？」

時十方佛皆即告其自侍者言：「善男子！從此剎西過如恒河沙等世界，彼有國土，名曰娑婆，佛號釋迦牟尼如來多陀阿伽度、阿羅呵、三藐三佛陀，於今現在入力莊嚴三昧，為諸四衆圍遶而坐，欲說甚深平等之法。以是事故，此處三千大千世界地皆震動，如是次第乃至下方，諸剎震動亦復如是。」

時十方佛，復告大衆、諸比丘等，作如是言：「汝等！當知佛出世難如優曇花，出已值遇倍難，於是如是難中比，此釋迦牟尼如來億倍甚難。何以故？彼佛世尊往昔因緣誓願力故，生於雜穢五濁剎中，如是最難。諸比丘！又彼如來名不虛唱，若十方國佛剎之中一切衆生，聞此釋迦牟尼如來勇猛精進難行苦行，及過去世發大誓願，菩薩行中諸難作者，種種功德名號具足一切皆得；如是聞已，十方一切諸佛剎中不可算數無量衆生，皆得受於阿耨多羅三藐三菩提記，何況其餘得須陀洹、斯陀含、阿那含、阿羅漢果者！是故，比丘！說此釋迦牟尼如來大名稱。」

時十方世界恒河沙等，三千大千諸國土中一切諸佛，皆各如是讚歎釋迦牟尼如來多陀阿伽度、阿羅呵、三藐三佛陀無量功德，其聲復聞餘處十方恒河沙等世界之外。復有國土，更爾許數恒河沙等世界佛剎，是諸佛等復各出聲，為其大衆，稱說釋迦如來名號。

時彼佛剎諸大菩薩，如是聞已各白佛言：「希有！世尊！我今欲往娑婆世界，見於釋迦牟尼如來，禮拜供養聽所未聞。」

時彼諸佛各各告其大菩薩言：「善哉！善哉！善男子！宜知是時，隨逐二大童子俱往。何以故？彼佛世尊難遭難覩，聞法聽受及彼衆中同會共坐，甚為難矣！」

爾時，釋迦牟尼多陀阿伽度、阿羅呵、三藐三佛陀從力莊嚴三昧而起，安庠徐步猶若鵝王，瞻視端平趣師子座。到已登上，手自展設於尼師壇，鋪已儼然結加趺坐，一切大衆四面圍遶。

爾時，文殊師利童子、智輪大海辯才童子等從東方還，共無量阿僧祇千萬億諸大菩薩摩訶薩衆，俱來到於釋迦牟尼佛世尊前。彼二童子及餘菩薩，各各頭面頂禮佛足，禮畢皆退坐蓮花座。

爾時，蓮花藏光一切衆生眼見童子、無邊心廣義慧童子等，從南方還，共無量阿僧衹千萬億諸大菩薩摩訶薩衆，俱來到於釋迦牟尼佛世尊前。彼二童子及餘菩薩，各各頭面頂禮佛足，禮畢皆退坐蓮花座。

爾時，天寶善光照耀幢童子、難可譬喻善色愛見童子等從西方還，共無量阿僧衹千萬億諸大菩薩摩訶薩衆，俱來到於釋迦牟尼佛世尊前。彼二童子及餘菩薩，各各頭面頂禮佛足，禮畢皆退坐蓮花座。

爾時，觀諸衆生眼視不瞬童子、大願不虛見童子等從北方還，共無量阿僧衹千萬億諸大菩薩摩訶薩衆，俱來到於釋迦牟尼佛世尊前。彼二童子及餘菩薩，各各頭面頂禮佛足，禮畢皆退坐蓮花座。

爾時，深遠雷震鼓音響聲童子、離障礙一切衆生眼童子等從東北還，共無量阿僧衹千萬億諸大菩薩摩訶薩衆，俱來到於釋迦牟尼佛世尊前。彼二童子及餘菩薩，各各頭面頂禮佛足，禮畢皆退坐蓮花座。

爾時，寶藏炎輪廣德童子、多福德衆生見勝幢童子等從東南還，共無量阿僧祇千萬億諸大菩薩摩訶薩衆，俱來到於釋迦牟尼佛世尊前。彼二童子及餘菩薩，各各頭面頂禮佛足，禮畢皆退坐蓮花座。

爾時，勝妙無邊香光童子、無邊力精進善大奮迅童子等從西南還，共無量阿僧祇千萬億諸大菩薩摩訶薩衆，俱來到於釋迦牟尼佛世尊前。彼二童子及餘菩薩，各各頭面頂禮佛足，禮畢皆退坐蓮花座。

爾時，牢固精進無邊智光幢童子、一切差別德勝智童子等從西北還，共無量阿僧祇千萬億諸大菩薩摩訶薩衆，俱來到於釋迦牟尼佛世尊前。彼二童子及餘菩薩，各各頭面頂禮佛足，禮畢皆退坐蓮花座。

爾時，不可破壞能常最勝童子、成就一切自在導師童子等從上方還，共無量阿僧祇千萬億諸大菩薩摩訶薩衆，俱來到於釋迦牟尼佛世尊前。彼二童子及餘菩薩，各各頭面頂禮佛足，禮畢皆退坐蓮花座。

爾時，相好莊嚴清淨福行善名稱童子、一切衆生最愛樂童子等從下方還，共無量阿僧祇千萬億諸大菩薩摩訶薩衆，俱來到於釋迦牟尼佛世尊前。彼二童子及餘菩薩，各各頭面頂禮佛足，禮畢皆退坐蓮花座。

力莊嚴三昧經卷上

力莊嚴三昧經卷中

隋天竺三藏那連提耶舍譯

爾時，佛告長老阿難：「汝今可喚諸比丘集。」是時，阿難受佛教已，即歷處處告諸比丘，說如是言：「汝等！當知世尊導師今命於汝，汝等當往。」

時諸比丘聞是語已，一切皆往，見佛坐於師子座上，光顏挺特威德最尊，合掌低頭頂禮佛足，禮畢右遶，各向蓮華座中而坐。爾時，三千大千世界一切遍滿諸妙蓮華，其華開敷皆如寶座；又此世界天栴檀樹、曼陀羅樹、天衆香樹，是諸林木一切皆各高七多羅，彼樹枝葉悉是蓮華；諸蓮華中皆滿菩薩結加趺坐，及此五百羅漢聲聞皆亦結加坐蓮華座，乃至有頂一切天龍宮殿林苑悉有蓮華，亦各皆坐蓮華之上。時此三千大千世界如是種種天香栴檀，和合普熏芬芳充遍，聞者愛樂悅樂熙怡，香風觸身清涼調適，能令眾生各皆歡喜。

爾時，如來在師子座入於影現三昧之中，以是三昧神力因緣，東方一切諸佛剎中，所有眾生皆作是念：「如來世尊！今獨對我，憐愍於我；知於我心，解我言語；以知我心憐愍我故，稱於我心，為我說法，不為餘人。」如是南方、西方、北方、四維上下一切眾生，乃至有頂諸天、龍神皆如是念：「佛獨對我，不對餘人，說法知心亦復如是。」

爾時，文殊師利童子於蓮華上恭敬起立，偏袒右肩向於如來，一心頂禮長跪合掌，而白佛言：「大聖世尊！一切世間愚癡眾生，不信如是深妙之語。如來世尊！多陀阿伽度、阿羅訶、三藐三佛陀菩提覺了，得如來智、自在智、不可量智、無等等智、不可數智、阿僧祇智、大智、佛智、一切種智。」

佛言：「如是！如是！文殊師利！一切世間不可思議，如是多陀阿伽度、阿羅呵、三藐三佛陀菩提覺了，及如來智乃至一切種智，亦復如是不可思議。諦聽！諦聽！文殊師利！譬如世間有於一人，以如恒河沙等三千大千世界土地盡末作塵，如是諸塵合為一聚，以口一吹，各令舊塵還復本剎，如先不異無有虧盈，於意云何？文殊師利！是可信不？」

文殊師利白佛言：「世尊！是事難信。世間衆生實無信者。」

佛告文殊師利：「如是！如是！我今說言多陀阿伽度、阿羅呵、三藐三佛陀菩提覺已，此如來智乃至一切種智，亦復如是，一切世間衆生難信。

「復次，文殊師利！譬如世間有於一人，以恒河沙等三千大千諸世界中所有災水，其波濤涌，乃至二禪盡皆掬取，悉內於一小藕孔中，既內中已，而是藕根不大不破，於意云何？文殊師利！是可信不？」

文殊師利白佛言：「世尊！是事難信。世間衆生實無信者。」

佛告文殊師利：「如是！如是！我今說言多陀阿伽度、阿羅呵、三藐三佛陀菩提覺已，此如來智乃至一切種智，亦復如是，一切世間衆生難信。

「復次，文殊師利！譬如世間有於一人，以恒河沙等三千大千諸世界中所有劫火，其炎猛熾乃至梵天，彼一切火并其烟炎，盡皆吸取內自腹中，如是竟已，或復食於一箇小棗，或一胡麻及一粳米，壽命住世*經恒沙劫，身不被燒又亦不死，於意云何？文殊師利！是可信不？」

文殊師利白佛言：「世尊！是事難信。世間眾生實無信者。」

佛告文殊師利：「如是！如是！我今說言多陀阿伽度、阿羅呵、三藐三佛陀菩提覺已，此如來智乃至一切種智，亦復如是，一切世間眾生難信。

「復次，文殊師利！譬如世間有於一人，以恒河沙等三千大千諸世界中所有一切四方四維，及以上下毘嵐猛吹，一切風輪盡皆和合，以手遮取，置於一箇小芥子中，而是芥子不大、不寬、不迮、不毀，於意云何？文殊師利！是可信不？」

文殊師利白佛言：「世尊！是事難信。世間眾生實無信者。」

佛告文殊師利：「如是！如是！我今說言多陀阿伽度、阿羅呵、三藐三佛陀菩提覺已，此如來智乃至一切種智，亦復如是，一切世間眾生難信。

「復次，文殊師利！譬如世間有於一人，以恒河沙等三千大千諸世界中一切虛空，其人欲一結加趺坐，滿此虛空或一劫住、或半劫住，於意云何？文殊師利！是可信不？」

文殊師利白佛言：「世尊！是事難信。世間衆生實無信者。」

佛告文殊師利：「如是！如是！我今說言多陀阿伽度、阿羅呵、三藐三佛陀菩提覺已，此如來智乃至一切種智，亦復如是，一切世間衆生難信。

「復次，文殊師利！譬如世間有於一人，以恒河沙等三千大千諸世界中所有一切諸衆生心，是人如是以一念頃，合此無量衆生之心，置於一處令成一心，於意云何？文殊師利！是可信不？」

文殊師利白佛言：「世尊！是事難信。世間衆生實無信者。」

佛告文殊師利：「如是！如是！我今說言多陀阿伽度、阿羅呵、三藐三佛陀菩提覺了，此如來智乃至一切種智，亦復如是，一切世間衆生難信。」

爾時，智輪大海辯才童子於華座上，偏袒右肩，胡跪合掌，復白佛言：「世尊！多陀阿伽度、阿羅呵、三藐三佛陀阿耨多羅三藐三菩提覺已，如來智、自在智、不可思議智、不可量智、無等等智、不可數智、阿僧祇智、大智、佛智、一切種智，其義云何？」

佛告智輪大海辯才童子言：「善男子！諦聽！諦聽！善思念之，我當為汝分別解說。善男子！一切眾生平等故，一切法亦平等；此如來智一切法平等故，一切眾生亦平等；此如如不異，如如實如如。智輪童子！當知此名如來智，是智因緣故，如來處智、非處智、處非處智，如來實知。

「復次，智輪大海辯才童子！如來知一切眾生自在生故，一切法亦自在生；一切法因緣自生故，一切眾生亦因緣自生，此如來智。何以故？一切眾生非自作、非他作，非過去現在及以當來，推求不得。何以故？作者無故。無作者故，一切眾生過去世空、現在世空、當來亦空，眾生如是無作者故，一切法亦如是，無過去、當來及現作者。何以故？作者悉無。若有說言有作者者，當知是人虛誑妄語。智輪童子！當知此名如來自在智，是智因緣故，一切行業所趣，如來實知。

「復次，智輪大海辯才童子！如來知一切眾生不可思議智故，如一切眾生不可思議智，如是一切法亦不可思議智故；如一切法不可思議智，如是一切眾生不可思議知，亦一切法不可思議知。何以故？非一切眾生彼意識可見可知，猶如虛空無有別異，不可覺知。一切眾生真實體性不可思量，如是一切眾生實義因緣不可思議故，一切法亦不可思議；如一切法不可思議故，如是一切眾生亦不可思議。智輪童子！當知此名如來不可思議智，是智因緣故，過去、現在及以當來一切垢淨因緣果報，如來實知。

「復次，智輪大海辯才童子！如來知一切眾生不可量故，一切法亦不可量智；一切法不可量故，一切眾生亦不可量智。何以故？非一切眾生心意識，不可見，不可知，如虛空不可稱。如一切眾生實義不可量，如是一切眾生不可量故，一切法亦不可量；一切法不可量故，一切眾生亦不可量。智輪童子！當知此名如來不可思量智，是智因緣故，一切眾生根精進差別眾生，如來實知。

「復次，智輪大海辯才童子！如來知一切眾生平等故，一切法平等智；一切法平等故，亦一切眾生平等智。何以故？若涅槃體性與一切眾生有異者，則是譬喻不相應，當知涅槃衆生一不二故。如一切衆生體性不異涅槃故，非不異如如；一切衆生平等故，一切法亦平等；一切法非平等故，亦一切衆生非平等智。智輪童子！當知此名如來無等等智，是無等等智因緣故，一切衆生無量界種種界，如來實知。

「復次，智輪大海辯才童子！如來知一切衆生不可數因緣故，亦一切法不可數智；一切法不可數因緣故，亦一切衆生不可數智，如法界體性不可數。如是，智輪大海辯才童子！一切衆生離自分故不可數，如是一切法亦不可數；亦一切衆生不可數故，一切法不可數乃至一切衆生不可數。智輪童子！當知此名如來不可數智，是不可數智因緣故，如來一切衆生種種樂心，如來實知。

「復次，智輪大海辯才童子！如來知一切衆生阿僧祇因緣故，一切法阿僧祇智；如一切法阿僧祇因緣故，一切衆生阿僧祇智；亦一切衆生阿僧祇因緣故，一切法阿僧祇智。智輪童子！當知此名如來阿僧祇智，是阿僧祇智因緣故，如來一切禪定、解脫及三摩提、三摩跋提，煩惱寂滅起動斷除，如來實知。

「復次，智輪大海辯才童子！如來知一切衆生大故，亦一切法大智；一切法大智故，亦一切衆生大智離於障礙，離障礙者此名一切衆生名字；又離障者名為離暗，離於暗者，此名體性照耀光明；照耀明者，於諸境界無有塵垢，無塵垢故名離障礙；衆生大界一而無異，此名衆生體性大界。一切衆生大界因緣故，亦一切法離於塵垢不異故大；亦一切法大故，一切衆生大可知離塵垢，一切法離暗，若有說言一切有暗生者，無有是處。智輪童子！此名如來離暗大智，亦大智因緣故，如來天眼見一切衆生生死現在、當來天人中生，地獄、畜生、餓鬼中生，餘業因緣衆生受生，如來實知。

「復次，智輪大海辯才童子！如來知過去、現在、未來一切衆生因緣故，亦過去、現在、未來一切法如來智；亦過去、現在、未來一切法因緣故，亦過去、現在、未來一切衆生如來智。智輪！如過去、現在、未來三世法界叵見，爾時過去、現在、未來三世衆生界亦不可見；如過去、現在、未來衆生界叵見，爾時過去、現在、未來一切法界亦不可見；此不可見法性法體，一切佛身及非佛身、衆生身等一種無異。智輪童子！當知此名如來佛智，是智因緣故，一切三世所有生死，如來實知。

「復次，智輪大海辯才童子！如來知一切眾生一切智故，如來一切法一切種智；如來一切法一切智故，如來一切眾生一切種智；一切眾生一切智故如來智，如來智因緣故，一切眾生一切智如來智。智輪童子！如一切眾生一切智故如來智，如是如來智一切眾生一切智；如是一切法一切智因緣故，如來一切智因緣故，乃至一切法一切智。如是，智輪！此過去、當來、現在佛，如來過去一切智、當來一切智、現在一切智，是智一切故，如來過去生義智，亦當來生義智，亦現在生義智。

「智輪！是名如來一切種智，是一切種智因緣故，如來漏盡智實智。云何是智？過去世空，當來世空，現在世空，三世皆空無生無盡、無住無異、非如非異，如如名如來智；作因緣無名自在智；離心意識諸境界故，名不可思議智；虛空無異故，名不可量智；無等因緣故，名無等等智；法界無數故，名不可數智；阿僧祇阿僧祇因緣故，名阿僧祇智；無障礙因緣故，名為大智；過去、當來、現在佛因緣故，名為佛智；過去、現在及以當來一切諸有智因緣故，是名如來一切種智。此一切智、一切智處及名味句，一切字語和合因緣，我今字字如是略說，一切處順如來多陀阿伽度、阿羅呵、三藐三佛陀勝阿耨多羅三藐三菩提智，此名如來智、自在智、不可思議智、不可量智、無等等智、不可數智、阿僧祇智、大智、佛智、一切種智。」

爾時，智輪大海辯才童子白佛言：「世尊！云何衆生力因緣生故，如來力亦生？如來力生故，衆生力亦生？」

佛言：「如是，智輪童子！如來力、衆生力此之二力一不異故，名為一界如。衆生力因緣，如來力生；如來力因緣，衆生力生，是故如來一切智覺。」

爾時，智輪大海辯才童子白佛言：「世尊！云何如來多陀阿伽度、阿羅呵、三藐三佛陀一切種智生？」

佛言：「十二因緣生故。智輪童子！如來多陀阿伽度、阿羅呵、三藐三佛陀一切種智生。智輪童子！十二因緣者，所謂眼、色、耳、聲、鼻、香、舌、味、身、觸、意、法，此因緣智故一切種智生（言因緣智故恐因緣生故）。」

爾時，智輪大海辯才童子白佛言：「世尊！無量如來多陀阿伽度、阿羅呵、三藐三佛陀一切智眼、一切智色、一切智耳、一切智聲、一切智鼻、一切智香、一切智舌、一切智味、一切智身、一切智觸、一切智意、一切智法？」

如是問已，佛報智輪大海辯才童子言：「無量一切眾生一切眾生眼、一切眾生色、一切眾生耳、一切眾生聲、一切眾生鼻、一切眾生香、一切眾生舌、一切眾生味、一切眾生身、一切眾生觸、一切眾生意、一切眾生法。如是，智輪童子！如來多陀阿伽度、阿羅呵、三藐三佛陀一切智眼、一切智色、一切智耳、一切智聲、一切智鼻、一切智香、一切智舌、一切智味、一切智身、一切智觸、一切智意、一切智法；無量如來一切智眼、一切智色、一切智耳、一切智聲、一切智鼻、一切智香、一切智舌、一切智味、一切智身、一切智觸、一切智意、一切智法，如是一切眾生亦一切智眼、一切智色、一切智耳、一切智聲、一切智鼻、一切智香、一切智舌、一切智味、一切智身、一切智觸、一切智意、一切智法。」

佛告智輪：「於汝意云何？頗有一色不為衆生眼見者不？」

智輪言：「世尊！無有一色不為衆生眼所見者，但令是色悉皆覩見。」

佛言：「智輪！而世間中有如是色，亦為衆生眼不見不？」

智輪言：「世尊！無如此色衆生不見。」

佛言：「智輪！無如此色，於世間中亦一切智眼不見者。智輪童子！此之方便，當知無量一切衆生眼、如是一切智眼；無量一切衆生色，如是一切智色。

「復次，智輪大海辯才童子！於世間中頗有一聲，亦為一切衆生耳識不聞者不？」

智輪言：「世尊！無如是聲不為衆生耳不聞者。」

佛言：「智輪！無如是聲，於世間中亦一切智耳不聞者。智輪童子！此之方便，當知無量一切衆生耳，如是一切智耳；無量一切衆生聲，如是一切智聲。

「復次，智輪大海辯才童子！於世間中頗有一香，亦為一切衆生鼻中不嗅者不？」

智輪言：「世尊！無如是香不為眾生鼻不嗅者。」

佛言：「智輪！無如是香，於世間中亦一切智鼻不熏者。智輪童子！此之方便，當知無量一切眾生鼻，如是一切智鼻；無量一切眾生香，如是一切智香。

「復次，智輪大海辯才童子！於世間中頗有一味，亦為一切眾生舌中不嘗者不？」

智輪言：「世尊！無如是味不為眾生舌不嘗者。」

佛言：「智輪！無如是味，於世間中亦一切智舌不嘗者。智輪童子！此之方便，當知無量一切眾生舌，如是一切智舌；無量一切眾生味，如是一切智味。

「復次，智輪大海辯才童子！於世間中頗有一觸，亦為一切眾生身中不覺者不？」

智輪言：「世尊！無如是觸，不為眾生身不覺者。」

佛言：「智輪！無如是觸，於世間中亦一切智身不覺者。智輪童子！此之方便，當知無量一切眾生身，如是一切智身；無量一切眾生觸，如是一切智觸。「復次，智輪大海辯才童子！於世間中頗有一法，亦為一切眾生意中不知者不？」

智輪言：「世尊！無如是法不為眾生意不知者。」

佛言：「智輪！無如是法，於世間中亦一切智意不知者。智輪童子！此之方便，當知無量一切眾生心，如是一切智心；無量一切眾生法，如是一切智法；如是一切眾生心者、一切智心者，一切眾生法者、一切智法者，此之二種一無有異。

「復次，智輪大海辯才童子！如一切眾生眼、一切眾生色，乃至一切眾生意、一切眾生法；一切智眼、一切智色，乃至一切智意、一切智法，如是二邊是一法界。智輪！如是無量一切眾生眼，如是一切智眼，乃至無量一切眾生意法，如是一切智意法；如是如來多陀阿伽度、阿羅呵、三藐三佛陀眼智、眼煩惱智、眼寂滅智、眼煩惱寂滅智，色智、色煩惱智、色寂滅智、色煩惱寂滅智，耳智、耳煩惱智、耳寂滅智、耳煩惱寂滅智，聲智、聲煩惱智、聲寂滅智、聲煩惱寂滅智，鼻智、鼻煩惱智、鼻寂滅智、鼻煩惱寂滅智，香智、香煩惱智、香寂滅智、香煩惱寂滅智，舌智、舌煩惱智、舌寂滅智、舌煩惱寂滅智，味智、味煩惱智、味寂滅智、味煩惱寂滅智，身智、身煩惱智、身寂滅智、身煩惱寂滅智，觸智、觸煩惱智、觸寂滅智、觸煩惱寂滅智，意智、意煩惱智、意寂滅智、意煩惱寂滅智，法智、法煩惱智、法寂滅智、法煩惱寂滅智，一無有異。

「以無異故，一切眾生眼者、一切智眼者，乃至一切眾生法者、一切智法者，是一法界。智輪童子！譬如世間智慧之人自知於苦，自知於樂；自知不苦，自知不樂。何以故？身自受故。智輪童子！如是如來多陀阿伽度、阿羅呵、三藐三佛陀，一切眾生眼智、色智、耳智、聲智、鼻智、香智、舌智、味智、身智、觸智、意智、法智、煩惱智、寂滅智，亦煩惱寂滅智盡知。何以故？一切種智得故。一切眾生十二入智，此名如來，名一切眾生入。此如來色，如來一切身業，三世隨智慧行；如來一切口業、一切意業，亦三世隨智慧行。如來一切受、一切種智現前悉知；如來一切智正知，一切種智正知，如來以一切種智知有為行；如來一切智，一切種智知已，彼中亦一切衆生四陰離色，此名如來，名亦一切衆生色陰，此名如來色。以如是名色故，如來多陀阿伽度、阿羅呵、三藐三佛陀，名一切智、一切見、一切*解、一切覺。」

力莊嚴三昧經卷中

力莊嚴三昧經卷下

隋天竺三藏那連提耶舍譯

爾時，佛告智輪大海辯才童子言：「善男子！汝見一切如來身不？」

智輪童子即白佛言：「世尊！我見！」

佛問智輪：「汝言見者，所見何等？」

智輪言：「世尊！我見一切諸佛如來，若恒河沙等所有世界，於是國土亦見恒河沙等諸佛如來，一切皆於自剎土中各各說法。」

如是第二，及以第三佛如是問，智輪童子亦如是答。

時佛復更問智輪言：「善男子！汝見如來右手掌不？」

智輪言：「見！」

佛言：「智輪！汝言見者，所見何等？」

智輪言：「世尊！我見一切諸佛如來右手指掌，各於其剎等說諸法，亦復如是。」

「智輪童子！如是方便，當知一切諸衆生等心意及法，此如來名一切衆生眼、色、耳、聲、鼻、香、舌、味、身、觸，此如來色，此如來名；此色名如來一切智，亦名一切見。」

爾時，智輪大海辯才童子白佛言：「世尊！如來所說不可思議，多陀阿伽度微妙最大不可思議如來境界。」

佛言：「如是！如是！智輪童子！不可思議多陀阿伽度微妙最大不可思議如來境界。智輪童子！我於阿說他樹下端坐思惟，阿耨多羅三藐三菩提覺已，得一切種智。智輪童子！我發是心不可思議，微妙最大不可思議，此是諸佛如來境界。我於爾時作是不可思議念已，從阿說他樹下而起，不近不遠對於此樹，一心諦觀熟視不瞬，得歡喜食離餘飲食；如是*經於七日七夜，見阿說他菩提之樹。我此樹下如是坐已，一切世間無能信佛，得如來智、得自在智、得不可思議智、得不可量智、得無等等智、得不可數智、得阿僧祇智、得大智、得佛智、得一切種智。

「復次，智輪！對阿說他菩提之樹，卽彼處所有塔名為不瞬眼視，是我不可思議之心，見阿說他菩提樹下起眼不瞬，乃至七日得歡喜食，離餘食想。彼大支提常為天人之所供養。智輪童子！如此方便，當知卽是不可思議諸佛如來甚深境界。復次，智輪！汝今莫作如是思念：『獨謂如來菩提覺已，對阿說他以不瞬眼看於彼樹，得歡喜食離餘飲食，七日夜住。』智輪童子！慎勿如此起於是心。何以故？過去一切十方諸佛、多陀阿伽度、阿羅呵、三藐三佛陀，今已入於寂滅涅槃，彼諸如來亦各坐於菩提樹下。坐已皆得阿耨多羅三藐三菩提及一切種智，悉發是心不可思議，最大不可思議諸佛甚深如來境界，彼佛亦各起如是心不可思議。彼菩提樹，從樹下起至於餘處，以不瞬眼直視此樹，得歡喜食離於餘食，七日夜住亦復如是。

「智輪童子！若當來世一切十方諸佛如來亦菩提樹下，坐得阿耨多羅三藐三菩提，及得一切種智不可思議，乃至最大不可思議如來境界。彼佛如來亦發不可思議之心，念菩提樹，觀樹以起不瞬眼覩，得歡喜食離餘食想，七日夜住亦復如是。智輪童子！若今現在一切十方諸佛住世乃至說法，彼佛如來亦菩提樹下坐得阿耨多羅三藐三菩提，及一切種智已，亦如是念乃至最大不可思議如來境界。彼佛如來得不可思議心已，從菩提樹下起，以不瞬眼觀菩提樹，得歡喜食離餘飲食，七日夜住亦復如是。」

爾時，智輪大海辯才童子復白佛言：「世尊！云何如來及一切佛、多陀阿伽度、阿羅呵、三藐三佛陀，菩提樹下得阿耨多羅三藐三菩提，及一切種智已，作如是念：『不可思議，亦如是觀，對菩提樹不瞬眼視，得歡喜食離餘飲食，或二七日住於是處。』？」

佛告智輪童子言：「善男子！非一切多陀阿伽度、阿羅呵、三藐三佛陀，對菩提樹七日七夜，不瞬眼住。智輪童子！有諸佛如來得阿耨多羅三藐三菩提覺已，乃至入於無漏涅槃，於此時間不可思議，念佛境界不可思議。智輪童子！此之方便，如是當知諸佛常念不可思議諸佛境界，最大不可思議如來境界。」

智輪童子復白佛言：「世尊！如來多陀阿伽度、阿羅呵、三藐三佛陀所有境界多少云何？」

佛告智輪：「諸佛境界依如一切衆生境界。」

智輪童子復白佛言：「世尊！一切衆生境界多少？」

佛告智輪：「如是一切諸佛境界，此名一切衆生境界。又復，智輪！汝今當知諸佛境界，及以一切衆生境界，此二境界是一法界，無有差別。」

智輪童子復白佛言：「世尊！云何名佛？何者是法？」

佛告智輪：「汝今當知一切衆生，名為佛法。」

智輪復問：「衆生何者云何是名佛？」

佛告智輪：「衆生界者，當知此義是佛境界。」

佛告智輪：「我今問汝，隨汝意答。云何名心？何因緣故如來得阿耨多羅三藐三菩提？」

智輪童子答言：「世尊！一切衆生自體性故多陀阿伽度、阿羅呵、三藐三佛陀。」

爾時，世尊復更重問智輪童子言：「智輪！汝意云何？汝知如來智慧云何？」

智輪童子卽答佛言：「一切衆生境界知故多陀阿伽度、阿羅呵、三藐三佛陀智慧具足。」

佛告智輪：「汝當知此如是方便，無量諸佛如來境界，與諸衆生境界一種；若有一切衆生境界，卽佛境界。如是一切如來境界，及以一切衆生境界，是一境界無二無別。」

爾時，智輪大海辯才童子白佛言：「世尊！如我解佛所說義趣，知於諸佛不異衆生，一切衆生亦卽如來。」

佛時印可智輪童子言：「善哉！善哉！智輪童子！汝今善知如來語義。又亦曾於過去無量恒河沙等佛世尊所，植衆德本，聞佛所說微妙法門，日夜長修般若波羅蜜，恒於生世得義辯才、得法辯才、得辭辯才、得樂說辯才，為諸眾生問答無礙。」

爾時，智輪大海辯才童子復白佛言：「世尊！云何如來及諸菩薩摩訶薩等能作如是得如來智、自在智、不可思議智、不可量智、無等等智、不可數智、阿僧祇智、大智、佛智、一切種智，達了覺知？」

如是問已，佛卽告言：「智輪童子！我於般若波羅蜜中不亂心行。智輪童子！以不亂心行般若故，菩薩摩訶薩能作如是得如來智、自在智、不可思議智、不可量智、無等等智、不可數智、阿僧祇智、佛智、大智、一切種智，如是覺知。」

智輪童子復白佛言：「世尊！云何如來及諸菩薩摩訶薩等，於般若波羅蜜中行，行已亦不捨想，不想中行亦非想證？」

佛告智輪：「此中菩薩摩訶薩等行般若波羅蜜時，眼中行、色中行、耳中行、聲中行、鼻中行、香中行、舌中行、味中行、身中行、觸中行、意中行、法中行。」

智輪童子言：「云何眼中行、色中行、耳中行、聲中行、鼻中行、香中行、舌中行、味中行、身中行、觸中行、意中行、法中行？」

佛言：「智輪！菩薩摩訶薩眼色中行，當知此眼為色作礙；耳為聲礙，鼻為香礙，舌為味礙，身為觸礙，意為法礙。」

智輪言：「云何眼為色礙？乃至云何意為法礙？」

佛言：「智輪！眼緣色故心生歡喜，或生苦惱，或生捨受，心取著故起貪、瞋、癡，因緣和合造身、口、意種種諸業；造此業已，生於地獄、餓鬼，畜生、及阿修羅、天、人六道為依止處。彼中眼色果報出生，受此報故愚癡之人，於當來世苦惱增廣，如是去來循環不息，以是果故眾苦不斷。何以故？於流轉中不見出道，凡夫眾生愚癡顛倒，不知如是耳因緣聲，乃至不知意因緣法，廣說如上；智慧之人，應當至心諦觀此眼，眼為是誰？何者是眼？推覓眼義及非眼義；如是色義，色非色義，乃至耳、聲、鼻、香、舌、味、身、觸、意、法義及非義，一切皆覓都無所見。智者如是諦思惟已，眼義不見，非眼義亦不見，眼非眼義一切不見，乃至色義不見，非色義亦不見，色非色義一切不見。如是耳、聲、鼻、香、舌、味、身、觸、意、法，如是法義不見，非法義亦不見，法非法義亦復不見。時彼行人不見眼，已離於眼義，亦復不見是眼非眼；不見是色，不見離色，亦復不見是色非色。如是耳非耳，耳非非耳；聲非聲，聲非非聲；鼻非鼻，鼻非非鼻；香非香，香非非香；舌非舌，舌非非舌；味非味，味非非味；身非身，身非非身；觸非觸，觸非非觸；意非意，意非非意；法非法，法非非法。

「又復眼者不覺，非眼者亦不覺，眼非眼亦不覺；如是色不覺，非色亦不覺，色非色亦不覺；耳不覺，非耳亦不覺，耳非耳亦不覺；聲不覺，非聲亦不覺，聲非聲亦不覺；鼻不覺，非鼻亦不覺，鼻非鼻亦不覺；香不覺，非香亦不覺，香非香亦不覺；舌不覺，非舌亦不覺，舌非舌亦不覺；味不覺，非味亦不覺，味非味亦不覺；身不覺，非身亦不覺，身非身亦不覺；觸不覺，非觸亦不覺，觸非觸亦不覺；意不覺，非意亦不覺，意非意亦不覺；法不覺，非法亦不覺，法非法亦不覺。

「如是捨離眼因緣故，則色不生；色不生故，離眼及色。既離眼色，則無有愛及以不愛；如是離於愛不愛故，何處更有愛不愛生！離愛不愛故無和合，無故名為不著，亦名無礙，當知卽是無障礙智。云何名為無障礙智？無礙智者，無量一切衆生眼，如是一切智眼；無量一切衆生色，如是一切智色；如是一切衆生眼者、一切智眼者，一切衆生色者、一切智色者，此二種法是一無異，此非覺故。

「如是耳聲乃至鼻香、舌味、身觸、意法一切不生。因緣離故，則無有愛；無有愛故，法中不行；法不行故，故無障礙；離障礙故，無有染著；無染著故，是故離障；以離障故，無礙智生。智因緣故，無量一切衆生心，如是一切智心；無量一切衆生法，如是一切智法；如是一切衆生心、一切智心，如是一切衆生法、一切智法，此二種法是一無異。智輪童子！般若波羅蜜中如是行，非想中行亦非離想中行；非想中證，亦非離想中證。智輪童子！此名一切衆生心、一切衆生法、一切智心、一切智法，平等智相。」

爾時，智輪大海辯才童子白佛言：「世尊！無生法者，如來眼、耳、鼻、舌、身、意，此六種識，其義云何？」

佛告智輪言：「無生者眼識等空，本無有物；其中推覓，一箇物無，是故不生；以不生故，故空無物。智輪童子！譬如虛空本來不生，不生故無滅，滅無故無物可離，故名虛空。如是一切衆生、一切衆生法亦不生，不生故無滅亦無離物，故一切衆生、一切衆生法猶如虛空一種無異。

「智輪童子！一切衆生、一切衆生法猶如虛空不生不滅、不動不亂、非彼非此、不染煩惱、非寂滅離，如是不生不滅、不動不亂、非彼非此、不染煩惱、非寂滅離、非一非異，虛空如是。智輪童子！一切衆生、一切衆生法不生不滅、非動非亂、非彼非此、不染煩惱、非寂滅離，如是過去當來現在諸佛如來非生非滅、不動不亂、非彼非此、不染煩惱、非寂滅離。此名法住，亦名法行，如如非異如如，非不異如如，湛然常住無有遷動，同一法界。」

爾時，智輪大海辯才童子復白佛言：「世尊！幾許如來已過於世？」

佛告智輪童子：「如恒河沙等。」

智輪又問：「幾許如來當來出生？」

佛言：「智輪！如恒河沙。」

智輪又問：「幾許如來現在說法？」

佛言：「智輪童子！亦如恒河沙等。」

智輪童子重白佛言：「世尊！過去如來已入涅槃，實難再覩；當來諸佛未出世間，不可預見；現在世尊正住教化，未入涅槃。彼佛如如，非異如如，非不異如如；常恒常常住不異法，其義云何？」

作是問已，佛答：「智輪！此是佛智。智輪！當知如是言說，是世間法，非第一義。真如法中有是言說，亦非言說，所可覺知是佛智力之所知覺。智輪童子！此名佛智。云何力智？如一切衆生平等故一切法平等，一切法平等故一切衆生平等，如如不異如如，非不異如如，此名菩薩摩訶薩第一如來力。是力因緣故，處非處如實知。云何名為是處非處？有因緣處，此名為處；離於因緣，是名非處。

「又復，智輪童子！於汝意云何？如過去世已皆盡滅，不可得見，不可得知；過去衆生造三業行，亦復過去，為有為無？」

智輪童子答佛言：「有！」

佛告智輪：「汝意云何？當來世中諸法未生，不可得見，不可得知，無有一物；彼當來中三種行業衆生有不？」

智輪童子答佛言：「有！」

佛告智輪：「汝意云何？現在世中現有衆生可見可知，彼三業行衆生有不？」

智輪童子答佛言：「有！」

佛告智輪：「云何為有？」

智輪童子言：「世尊！過去之世雖復滅謝，然諸衆生所造三種業行不亡；又復當來雖復未有，未生未見，不覺不知，以因緣故，未來世中有三業行；今現在世因緣起故，衆生生故，三業作故，如是種種有諸業行。」

佛言：「如是，智輪童子！過去世中一切種智，故有過去佛；當來世中一切種智，故有當來佛；現在世中一切種智諸因緣，故現在有佛。又復，云何是處非處？離依止故無處非處。」

佛言：「智輪童子！於汝意云何？如過去虛空悉皆盡滅，無去異去？」

智輪童子言：「不也！世尊！何以故？離依止故，過去虛空處非處盡故、不*盡故、不異故、不動不動法故。」

佛言：「智輪童子！於汝意云何？如當來虛空未生未覩不見不記？」

智輪童子言：「不也！世尊！何以故？如是離依止故處非處當來不異去不動不動法故。如是現在虛空不盡不異不滅不動不動法。」

「智輪童子！如是過去諸佛如來，不依止故，不盡不去不異不滅不動不動法；如是當來諸佛如來，不依止故，未生未有亦非相隨，和合而有非餘處，有非動非動法；如是現在諸佛如來住真實行，了達見常常住不動，是處非是處如實悉知。智輪童子！菩薩摩訶薩當知此名諸佛第一處力。是力因緣，佛智所覺。」

智輪童子復白佛言：「世尊！一切世間無有能信如來此事。又佛種智猶如虛空一種無異，不生不老，不死不亂，非當來生，非煩惱、非寂滅，法界體性真實中住如如平等。此如是法，佛轉法輪，見諸衆生生老病死故，彼處生煩惱、寂滅，業因、業果。」

作是問已，佛答智輪童子言：「如是！如是！智輪童子！一切世間無有能信，真實難信；此中唯獨如來證知，又不退轉諸大菩薩摩訶薩等，曾於過去無量佛所植衆德本，乃能信此。智輪童子！此處如是最大難信。若有如來阿耨多羅三藐三菩提覺已，如來智、自在智、不可思議智、不可量智、無等等智、不可數智、阿僧祇智、大智、佛智、一切種智。

「智輪童子！此名如來一切世間不可信如虛空無有異。一切衆生、一切法，如來說法及轉法輪說於有生，其中亦無有生可說，說於老事亦無有老，說於患事亦無有患，說於死事亦無有死，說於漏事亦無有漏，說非彼生非彼生事亦復是無，說染煩惱染事亦無，說於寂滅寂滅亦無，說於涅槃亦無衆生入涅槃者。智輪童子！此是如來一切世間叵信難信。一切衆生本無有名假名故說，本無言語假說置言，本無文字假立文字。何以故？文字、句說一切世間種種差別能得知故。

「智輪童子！是一切法、名字、句味，一切先無今假說有。智輪童子！如來法輪，亦復如是先無今有。智輪童子！諸佛如來轉於法輪，為二大事因緣故轉。何者是二大事因緣？如來世尊轉法輪時：一、衆生*如，二者、法*如。智輪童子！於汝意云何？衆生有生此可說不？」

智輪童子言：「不也！世尊！」

時佛復告智輪童子：「於汝意云何？若諸衆生是不生者，法是可生、可說以不？」

智輪童子言：「不也！世尊！」

佛告智輪童子：「衆生名離因緣，衆生相亦非生。衆生相非生故，一切法、一切法相亦復不生。此不生法，名一切智，以是一切智慧力故。」

聞於釋迦如來名已，此三千大千世界六種震動；當於是時，十方一切諸佛剎土悉皆震動，如是世界諸佛衆中，出大蓮華各各遍覆。

「智輪童子！無量一切衆生眼，如是一切智眼；無量一切衆生色，如是一切智色；如是一切衆生眼、一切智眼，如是一切衆生色、一切智色，此之二種當知是一非二法界。如是一切衆生受、一切衆生想、一切衆生行、一切衆生識、一切衆生名，此名如來名。無量一切衆生色入於色陰，名如來色，此色名一切智，亦名一切見，亦名一切識、一切智。是故，一切種智不取智相，亦不著智，是名一切智，亦名一切識，亦名一切見佛眼。如是見一切色亦不取相，我眼能見彼；如是色乃至心法識亦如是，如來不作是念，是非識；不如是念，是我識。何以故？限非覺故，色非覺故，亦非覺事；乃至非覺心故，非覺法故。一切眼見事，如來見者一切知見；耳中一切響應者，一切聲聞；鼻中一切氣熏者，一切香嗅；舌中一切嘗者，一切味知；身中一切摩觸者，一切覺知；意中一切識緣者，一切法得。又復如來如是念者，眼中一切諸色皆見，眼中一切諸聲皆聞，眼中一切諸香皆嗅，眼中一切諸味皆嘗，眼中一切諸觸皆覺，眼中一切諸法皆緣。如是，智輪！如來心中一切色見、一切聲聞、一切香嗅、一切味嘗、一切觸覺、一切法緣、一切衆生順故，一切種智能如是作智因緣故。智輪童子！如是方便，當知如來亦一切智，亦一切見，亦一切識。」

爾時，智輪大海辯才童子白佛言：「世尊！如我解佛所說義趣，眼亦如來一切種智，色亦如來一切種智；如是耳、聲、鼻、香、舌、味、身、觸、意、法亦悉如來一切種智。是故，如來一切識，一切見，一切智。」

爾時，佛告智輪大海辯才童子言：「善男子！汝見如來一切身、一切智、法平等智，何者是因緣？菩薩摩訶薩一切衆生眼智、眼煩惱智、眼寂滅智、眼煩惱寂滅智，耳智、耳煩惱智、耳寂滅智、耳煩惱寂滅智，鼻智、鼻煩惱智、鼻寂滅智、鼻煩惱寂滅智，舌智、舌煩惱智、舌寂滅智、舌煩惱寂滅智，身智、身煩惱智、身寂滅智、身煩惱寂滅智，意智、意煩惱智、意寂滅智、意煩惱寂滅智。」

佛說是經已，一切比丘、一切菩薩、天人、阿修羅、乾闥婆，一切大衆聞佛說法，歡喜奉行。

力莊嚴三昧經卷下

佛說弘道廣顯三昧經

佛說弘道廣顯三昧經卷第一

一名入金剛問定意經

西晉月氏三藏竺法護譯

得普智心品第一

聞如是：一時，佛遊王舍國鷲山之頂，與大比丘衆千二百五十人，諸菩薩八千人俱。于時，世尊廣為無數百千諸衆，而所圍繞，敷演說法。

爾時，有龍王名阿耨達晉言無熱，宿造德本遵修菩薩，堅住大乘行六度無極，以具滿相勤救衆生，化*導無極，曾事九十六億諸佛，積累功德不可稱數。執權方便普現五道，拔諸愚冥使修菩薩無欲之行，懷慈四等，濟度一切；傷愍罪類故現為龍，化龍億數使免殃行，自處于池。率諸眷屬八千萬衆，又將婇女十四萬人，周匝導從，調作倡伎，其音和雅，乘龍感動，協懷威德，神變自由，齎衆雜花，奉最妙香，擎持幡蓋而詣世尊。至輒稽首敬問如來，尋以所持香華、雜寶、繒綵、幡蓋，重調音樂，欣心敬意，與衆眷屬及諸婇女俱進詣佛，則前長跪，肅然叉手而白佛言：「欲問如來、無著、平等最正覺，菩薩所應行道當云何？唯蒙聽許乃能敢問。」

爾時，世尊告龍王曰：「恣汝所問，勿疑勿難所欲，如來、至真、等正覺當隨數散解釋汝心。」

時阿耨達得為神尊所聽質疑，心益欣悅而白佛言：「天師、最尊、人中聖導，猛如師子感變無量！吾問如來普及衆生，亦為菩薩大士之故。為世師者拔過俗法，志行清淨明盡因緣，濟度群生作無請友，心普安救誘育立之，執持無畏十種力，進伏衆魔降諸外道心無穢行，被堅金剛大德之鎧志不有惓，積德因緣不可計量，施、戒、忍、進、定、智已備，心等一切，蠲除雜*想棄捐二見，以越智度解因緣法，已入深奧難極之要，去離聲聞、緣一覺念，不捨大乘一切智心。意行堅強常得自在，身淨無垢暉曜明徹，志若虛空，無數諸劫意不惓者。逮獲總持，降除貪穢自大貢高，等如逝者空、無相、願，以過如住夢、幻、影、響、野馬、水月，於斯諸法等解不動。重三寶教奉而敬之，轉其法輪而無所礙，欣悅信樂皆自得之，如優曇花億世希出，志靜安獨普有具相，宿樹恭恪明賢大士，尊修上義，法住若此。

「為彼正士故問如來，唯願如來、至真、等正覺解說菩薩大士所行，得遊法門入金剛德果達深妙，使其修應獲總持場，以四諦行順化聲聞，使解要真，導眾緣覺靜起因緣，獎以一心使等正覺。欲達諸法當入大乘，曉入大乘能伏魔場，散棄疑結過度罪惱，普知眾生意志所行，積最辯達布演諸法，隨一切願化示所欲。

「善哉！世尊！如來、無著、平等正覺廣為賢明大士之故普弘演說，使諸菩薩得致智力·，降己自大，得法上力·，曉解*殃行，不有所造，使得施力·，所有無惜，惠不望報，使得戒力·，等除眾罪，而過諸願，使得忍力·，於諸苦法受生之處，身命無惜，得精進力；積衆德本，志常無惓，使得定力；善寂居靜，解定要行，使得慧力；而過邪見疑冥昧昧，曉權方便濟度衆生，明了勸助具達五通：天眼無限、徹聽、知心、神足、明宿。以此遊樂果大辯才，辯才句義無盡不斷，便得總持志無恍*惚，令逮海印三昧正定，進隨普智果同一味，得佛志定習樂通行，永常奉尊而無障蔽，逮法志定勉進定意，長久聞法都無限礙，崇衆志定，普令一切奉不退衆，得施志定俗貨法施，不有遺惜具足於戒，行念靜定使速得佛，心而無忘昇天志定，常念兜述一生補處，志樂菩薩清高之行。」

爾時，龍王質疑畢訖，悅心怡懌，重以讚頌啟問世尊：

大仁願說現世義，菩薩德行所當入，內性志操所應修，興發何道行云何？
順導以慈行入悲，意以度衆護濟念，弘化定智使清淨，願垂哀傷而普說！
誘衆止意及意斷，根力神足行如是，演道七覺散示衆，願說彼德所應奉！
施調撿戒德具足，忍力普行及精進，慧志因緣轉無量，云何度彼蒙說之？
辯才通達*免愚冥，志行詳審常清淨，諸起生者即覺知，唯願為諸菩薩說！

欣悅之德有歡豫，聖種七財是行最，樂遊閑居及修靜，唯蒙慈尊廣度說！
辯才行具云何得？深致總持永安住，弘法要說常無斷，聞輒奉行終不忘。
寂滅清淨而行觀，覺意深邃智廣博，其慧難究德無邊，解行云何應菩薩？
制持魔力與怒意，毀壞外道衆邪類，勇德難動若大山，月明至遊弘說之。
曉空無想性所在，解了野馬及幻法，夢想體像計皆無，唯願世尊指示說！

於是世尊告龍王曰：「善哉！善哉！快甚無比！乃自發心啟疑如來，今汝所問承宿功德，已顯大悲為衆志友，不勞生死弗斷三寶，王之質疑用是故也！聞以諦聽，受而思惟，吾當廣說菩薩大士，應所修行彼此無限果最要法。」

時龍王言：「大善！世尊！願樂思聽，聞輒受行，宣布十方勸進無惓。」

於是世尊答龍王曰：「有一法行，菩薩應者相好備具，得諸佛法。何謂為一？造起道意不捨衆生，是謂一行致諸佛法。又有三十二事得普智心，當勤樂行專意守習。何謂三十二？御修內性，執上最志，昇行大慈，堅固大悲，志慕無厭，發於精進，仂具猛勵，而德強力，又踰踴勢，安靜無煩，為衆忍任，習近善友，專行法事，執御權化，施備忍行，樂於撿戒，諂想已無，滅斷偽佞，言行相應，志存反復，常有愧色，內自慚恥，已調怡悅，根行至信，意而制御，得持功德，志遠小道，樂弘大乘行，觀一切三寶之事使其不斷。是謂龍王三十二法，菩薩應此逮普智心。

「又復，龍王！有十六事，進增普智，顯力弘軌。何謂十六進普智耶？施行眾濟，具戒無缺，忍應調忍，果上精進，致定諸行，已具智慧，信行悉足，供事如來，遊靜樂閑，備六堅法，有最十善，飾身口意，德具操行，知足樂靜，身三勸彼，修勝定觀，諸德得備。是謂十六行法之事，應相祥福演大智心，顯持佛世流化自由。

「又復，龍王！其普智心以二十二事而除邪徑，以其大乘志修普智。何謂二十二事？行過聲聞、緣一覺意，已下貢高無我自大，消去諂事，抑俗雜言，遠棄非戒，拔恚怒根，免却魔事，除去蔽礙，不章師訓耗滅罪除，省己切惻，不論彼非，習離惡友，遠逆良善，去非六度，又逝貪惜，戒無不*淨，已棄諍訟，而離懈怠，於迷自正，捨諸無知，斷去無便，却去惡行。是謂菩薩普智釋除二十二邪軌，速應權慧永無懈退。

「又復，龍王！二十二踊事，進順隨行得普智心而不可當，諸魔波旬及魔官屬，并與外道降而却之。何謂二十二？踊過戒事，踊過於定，亦踊過智，而過慧行，踊過權化，亦過大慈，踊過大悲，以要言之，過空、相、願、我、人、壽命，過離衆見及發因緣，過心自淨，承覺神聖，過於識念應不應見，過大金剛堅固之行。是謂龍王菩薩所行二十二踊法致普智心，一切衆魔及諸魔身，并邪外道不得自在，無敢當者悉降却之。

「又復，龍王！其普智心，依二行處致普智心。何謂為二？如其所言修應行處諸功德本，觀道行處，是謂二事普智行處。

「復有二事，其普智心而不可毀。何謂二事？在於衆生無增異心，於諸殃行濟以大悲，是謂二事普智無毀。

「又復，龍王！其普智心有二重法而無過者，生死之黨及衆聲聞并諸緣覺無能勝踰。何謂為二？執權方便，深行智慧，是為二事普智重法。

「又有二事休普智心。何謂為二？處毀無疑滯結之心，在在不安樂俗。欲諸樂，是謂二事休普智心。

「復有二事護普智心。何謂為二？不志聲聞、緣覺行地，觀覩大乘至美之德，是謂二事護普智心。

「復有二事妨普智心。何謂為二？志常多佞，內性懷諂，是即二事妨普智心。

「復有二事不妨普智。何謂為二？專修直信，行于無諂，是謂二事不妨普智。

「又有四事蓋普智心。何謂為四？數亂正法，於諸菩薩賢明達士亦不奉敬，常無恭恪，不覺魔事，是為四事蓋普智心。

「復有四事於普智心而無其蓋。何謂為四？護持正法，謙恭受聽，尊重菩薩視若世尊，常覺魔事，是為四事普智無蓋。

「又有五事致普智心。何謂為五？所行無望，於生死漏用戒德故，不捨一切以大悲故，憎、愛無二身命施故，財利周惠供事法故，是為五事得致普智。

「復有五事進普智心。何謂為五？習善知識，不患生死，志遠無益，去非時心，求諸佛智，是為五事進普智心。

「復有五事在普智心。過諸聲聞、緣覺一覺念。何謂為五？過聲聞脫，過緣覺脫，過眾智心，過諸吾我，又過習結，是為五事過諸行法。

「復有五事於普智心而有其悅。何謂為五？悅過惡道，悅審普智，悅具覺慧，悅戒無厭，悅解眾行，是為五事普智之悅。

「復有五事發普智心，得五力助，不溺生死。何謂為五？無其怒恨用忍力故，能滿諸願用德力故，降已自大以智力故，勤勢廣聞用慧力故，過眾恐怯無畏力故，是為五事致諸助力。

「復有五事在普智心得五清淨。何謂為五？*離眾穢行淨，諸墮者因緣諸根無惑淨之，隨順諸時以觀淨之，行治於等權道淨之，一切諸法化轉淨之，是為五事普智清淨。

「復有五事得普智明。何謂為五？明解無欲，明己彼心，明於五句，明達慧行，明眼無礙，是為五事致普智明。

「復有五事廣普智心。何謂為五？以其五種、五根、五莖、五枝、五葉、五花、五果。何謂為五種？曰修志修，而淨內性，等觀人物，求習脫行，弘於權變，是為五種。何謂五根？以大慈悲，德本無厭，勸進眾生，使免小乘，不志餘道，是為五根。何謂五莖？曉權方便，慧度無極，示導人民，護持正法，等觀喜怒，是為五莖。何謂五枝？施度無極，戒度無極，忍度無極，進度無極，定度無極，是為五枝。何謂五葉？樂進聞戒，求處空靜，常志出家，心安佛種，所遊無礙，是為五葉。何謂五花？得文相具積滿德故，眾好繡備種種施故，七覺財具心無雜故，致有顯辯不蔽法故，深達總持聞無忘故，是為五花。何謂五果？昇致戒果，已得度果，達緣覺果，又得菩薩不退轉果，獲佛法果，是曰五果。斯謂龍王菩薩七五三十五事廣普智樹道寶行也，修應之者得佛不難。」

佛告龍王：「其有菩薩欲受持此普智心樹深妙明顯要行句者，當勤加習普智寶樹。如是，龍王！吾視一切諸法功德，莫不由斯寶樹奧義，諸發無上正真道意，悉皆因是普智寶樹至要句也。譬如龍王選植樹種，知此已致樹之根、莖、枝、葉、花、果而甚盛茂也。如是，龍王！其有能受普智心種，斯已得致諸佛賢聖最上慧法三十七品。是故，龍王！欲入普智所行功德，欲轉法輪，當受持此，精修誦讀，專心習行，廣為一切宣傳布演。如是，龍王！勤受學此。」

當佛說斯普智心品法語之時，諸龍眾中七萬二千皆發無上正真道意，龍王太子及諸婇女萬四千人，悉皆逮得柔順法忍，五千菩薩承宿德本悉得法忍。時阿耨達并餘龍王及諸眷屬，自乘神力踊昇虛空，興香之雲忽便普布，調和美香及末栴檀，微雨如來及眾會上。又化琦妙珠交露蓋遍覆王舍一國境界，而悉歡悅於上歌詠，至真、如來積祚巍巍聖德無量，列住雲日，各現半身，光文虛空，一切眾會莫不見者也。

清淨道品第二

於是龍王復白佛言：「甚未曾有！唯然！世尊！乃若如來博為眾生說道俗*

心及☆普智心行德所應。又唯，世尊！如來、無著、平等正覺願演散說菩薩之行，修應清純，明賢所由，得道清淨，使其終已，長久無垢，不中有懈，無惓弗退，至得十力、四無所畏而得具足諸佛之法。」

爾時，世尊告阿耨達：「善哉！龍王！勤思念行，吾當廣說菩薩大士清淨道品。」

阿耨達曰：「甚善！世尊！幸蒙授教，唯願說之。」

於時，聖尊告龍王曰：「菩薩行有八直正道，當勤受持。何謂為八？六度無極道，恩行之道，得五通道，行四等道，及八正道，等衆生道，三脫門道，入法忍道。如此龍王，是為菩薩八正行道。

「何謂菩薩度無極道？度無極道者，諸所布施，勸彼普智。何則然者？不以無勸施成普智，其行勸助於德本者，斯得施度無極名目；又及行戒、忍、進、定、智，亦以勸助彼普智心，乃得慧度無極名目，是曰菩薩度無極道。

「恩行道者，含受衆生。何則然者？以彼菩薩演示法度，菩薩行恩含受一切，覆以四恩廣為說法，而使衆生順受戒化，是四恩道。

「神足道者，覩諸佛土，天眼徹視，見衆一切生者、終者，又見十方諸佛世尊弟子圍遶，悉見如是，於諸佛土以其天眼，應當所採而採受之；又其天耳聽諸佛言，聞輒受行；在於衆生及諸類人而皆明曉，悉了知盡，為隨說法；得識宿命，不忘前世所作功德；又具神足，遊過無數諸佛國土，應以神足當得度者，輒弘神足而度脫之；是神足應道。

「又何謂為四等行道？其隨修淨梵志中者，并及諸餘色像天子，知彼意行隨順化日，斯則慈悲是為喜護，建立以道，使彼應度，此謂菩薩四等行道。

「其八正道普悉行之，聲聞所由，緣覺依因，大乘亦然，是謂賢聖八直正道。

「何謂心等諸衆生道？當為此興，不為是興；為斯可說，為此不應；是有賢德，此非福人；斯為盡應，此復不應；行等菩薩盡除此意，是謂心等諸衆生道。

「何謂菩薩三脫門道？得致以空斷諸妄見，以其無相除衆念想應與不應，以其無願永離三界，是謂菩薩三脫門道。

「何謂得致法忍之道？受拜菩薩，菩薩自覺行應於忍，得為諸佛世尊所決授者無上正真道意，是謂菩薩不起忍道。

「菩薩致此八直正道，弘化流布，權導無礙。」

時，佛說八正道已，二萬四千天龍及人悉逮應此八道行也！

「若是，龍王！菩薩以此八直正道等塗一歸，用無等故，莫有能與菩薩比者，亦無其侶，獨步三界；靜一心時修致慧行，應當所得已自果之，明達諸法而如本無，斯謂如來；是曰龍王八正之道。為彼一切凡諸若干眾生所行興種種說，而此要說等同一向，以無望說，歸未至說也。

「云何於此道清淨耶？曰道無垢，用無塵故；是道無瑕，本無念故；是道無冥，慧照明故；是道無著，本清淨故；道常無生，無所滅故；道如永無，本無有故；道無漏穢，三界淨故；是道寂然，過凡行故；道無可至，無有去故；道無所來，無從來故；道恒無住，過諸欲故；道無所處，過眾見故；道無勝者，過諸魔故；道大弘覆，外道不及故；道永離妄，自大者故；道無所容，不修入故；是道極遠，用希望故；道為永離，過愚夫行故；道可果致，修行者故；是道夷易，樂勤行故；道極平坦，住正見故；是道無妨，修無毀故；是道無礙，等正行故；是道無垢，三毒淨故；是道清淨，終無著故；是謂菩薩道之清淨。

「若是菩薩於清淨道務進勤修，又應行者，彼於法性已悉清淨，得淨我性，亦以而過；法性淨故，則數性淨；數性淨故，無數性淨；無數淨故，得三界淨；三界淨故，眼識性淨；眼識淨故，意識性淨；意識淨故，得空性淨；空性淨故，諸法性淨；用是淨故，則諸法等，等淨如空；空等淨故，得眾生淨；以諸淨故，便無其二，亦不著二；無二淨故，則道清淨。以斯言之，清淨道也。彼無眾念亦不念道，諸念悉淨若如泥洹，於彼永無是謂無念。應無所念，無念道者，亦無識念，其道都無心意識行，以此言之清淨道也。」

說是清淨道品法時，二萬天人皆得法忍。

時阿耨達復白佛言：「云何？世尊！菩薩大士修是清淨而應向道？」

聖尊告曰：「如是，龍王！菩薩大士欲行斯清淨道意者當曉淨行，亦使其身、口、意清淨。

「何謂身淨？已身已空，解諸身空；身之寂靜，解諸身寂；身之已脫，解諸身脫；身之怠慢，解諸身怠；身之如影，解諸身影；是謂菩薩清淨道也。又云：身淨身行無生，其有生死觀於無生，彼以無生而等生死，則其知身亦曉身行。何謂身行？去*未生法，來無盡法，見在*量法，終無盡法，其無盡者，是謂身行。又復身法因緣合會；其因緣者，則空無*相，淡然無念。若此，龍王！是像法觀斯謂身淨。又若如來身之無漏不墮三界，觀身無漏如本無，以無漏身不墮三界，彼無漏身能入生死，其無漏際無惓捨退，以無漏身示現色身；如此現已，亦不念滅身之法本，如如來身淨，眾生身淨，已身亦淨，等如本無；是謂菩薩行應清淨。

「何謂口言為應清淨？一切賢愚言皆清淨。所以者何？用等相故。凡夫劣勢著於音聲，若信不諦，憂喜無常，樂於顛倒，觀察眾生無本，都無婬怒癡欲。何則然者？以諸字說聲出皆淨，無欲恚愚，亦無其著，以此謂之一切言淨。以言言之，何者為言？以欲恚癡而為言耶？諸垢為言乎？言者無著，不著眼、耳、鼻、口、身、心，所言風像風動、聲出，因緣合會使有聲耳。所言如響，賢愚所言，皆同如響。所可言者，不住於內，亦不出外，於其中間而不可得，住本所念及其所行；出於言者，并所念想無住無想。是謂，龍王！如來所言及其眾生一切音聲皆空非真，損斯法耳。」

曰：「唯，世尊！如來所言斯不諦耶？」

曰：「是！龍王！如來審諦。所以者何？如來諦故，解知諸法非真非諦。又復龍王！如來所言隨字音聲，皆答眾生一切音聲，爾故眾生亦轉法輪，而亦不知法之義順；以此報應使其行之，隨如等滅眾苦之事曉解諸法，行了如是眾生音聲已無所住，在諸煩惱而常閑靜，現出欲言於著無著，聲出、所言、講論、談語，其如法者不有違錯；是謂菩薩口言清淨。

「何謂菩薩心為清淨？其心本者不可染污。所以者何？心本淨故。其所可謂客欲垢蔽，菩薩於斯不有所著，了解以權於本自淨；又其心行不撰德本。彼德本者了識心本，以此心行慈及眾生，識了知彼空無我、人；其心德本助觀於道知等彼道，觀如是者斯謂心淨。以此淨心與諸婬、恚、愚行者俱，而永不受欲、怒、癡垢，與操行俱不著諸穢；是謂菩薩身三清淨。」

說斯清淨道品法時，三萬菩薩逮補生處。

道無習品第三

「又復，龍王，其菩薩者乘是淨心，生於欲界而在形界，與諸天俱處眾梵中詳安靜然，在中進止無勝動者。又斯菩薩能降諸天化*導以權，或生形界而在欲界；現如有家與諸眾生周旋坐起，不與有勞弗慢眾生，亦無自輕。彼以斯淨諸定正受，盡自為定不隨正定而有所生。何則然者？以彼菩薩執權方便心應淨故。若此，龍王！菩薩曉解清淨行者，當修清淨已而習道。

「如是，龍王！菩薩不習以求道習，不習無習以想道習，亦不習於望道之習，亦不求習了解道習，不習所生冀向道習，不習行滅而為道習，亦不求習以為道習，不習無習為道之習，不習執捨以習道習；不我、人、壽，不身無常，不身性苦，不身有我，不身夢、幻、野馬、影、響，亦不身空、無相、無願，不身無欲法身習道。以要言旨，身性諸情，亦不興有十二因緣，乃至老、死、無欲之法；不數無數，道無二習，不俗無俗，不漏無漏，不犯無犯，不二之習以求道習。又復諸法無習之習，是道無習，斯謂道習不習之習；如空無習，亦不無習，當如此習，是道無習；無相、無願彼不作習，亦非無習，當作是習；無*偶不*偶，諸法無住，勤習如此乃應道習。」

當佛世尊說是清淨行無所習道品法時，三萬二千天及世人悉皆逮得無所從生法樂之忍，五萬天人宿不發心於菩薩者皆發無上正真道意，七萬菩薩逮得法忍。

爾時，一切同聲而言：「世尊！其有族姓之子及族姓女，逮聞說是清淨道品無習法者，其值聞已，心無驚恐，不捨退者，是皆受習如來無上正真道意，得轉諸佛所轉法輪。又唯，世尊！是輩菩薩悉獲無上正真道意，為無量人分布斯法，亦復當坐師子之座，當於天上天下人中極師子吼，猶若如今如來之吼，悉降魔衆伏摧外道，顯樹法幡，熾法煇明，震雷法鼓已鳴能降法雨。」

爾時，世尊見諸天、龍神之衆人與非人又及四輩，聞其至說，莫不悅懌，於是如來為阿耨達重復弘演，而說頌云：

道非習可得，　無乃興習想，　其道行加此，　棄離習念行。
不望求習道，　蕩除衆異想，　其道都無習，　清淨像明月。
若有起習想，　無處亦不習，　已過無習處，　得致最上道。
道為無我念，　亦不與空習，　是道無有二，　安快而無上。
命壽亦如此，　無人及與言，　其道不有人，　無命亦無住。
諸有習道者，　而欲住於空，　斯去聖路遠，　是不應道習。
道亦無有空，　以捨於有習，　如本同一相，　永空空於空。
道為無起相，　亦不有滅相，　不起亦無滅，　彼悉為道習。
吾音譬如幻，　解想當如此，　持想行所習，　道當何從生？
道為都過俗，　彼不有身習，　亦無滅身行，　可得致於習。
是身根之家，　本無所演廣，　彼不有餘求，　本無不可得。

其習是道者，當如如本無，如本知本無，是謂應道習。
諸法之本無，所覺若如幻，解行而致此，乃應道之習。
若其不至道，所作如不住，無能止其行，佛法不由道。
若如所習道，并及與無習，所演為如此，以住於本無。
有限餘道者，劣乘之所依，是者無上道，*大乘所因由。
諸興此道者，以致而無住，斯則顯行德，可致應道習。
道正而無嶮，端直且平坦，勤親行此道，永離衆邪迹。
若如卿龍王，自住其宮室，不動於所處，降雨充大海。
大士亦如是，習道如所行，法身而不動，能滿於智海。
又如仁龍王，在於大地上，以雨遍充足，其不有身著。
菩薩德如斯，行此之所習，用法滿衆生，其內無所著。
若如阿耨達，龍王大神變，勝道德如是，感動普十方。
衆生墮邪徑，諸墮受著見，其住是道者，將順度無為。

已住於斯道，菩薩果大稱，能降魔波旬，并及邪外行。
得道如其如，如道無能動，踊過諸俗法，其行譬蓮花。
道心無有愚，是行為住止，千數諸眾生，化度立以道。
以常住斯道，得致於五旬，神足諸感動，為眾廣說法。
諸事悉清淨，身口及與意，當願賢聖道，人性不可識。
忍行為無著，其往所可至，斯得如來處，示道諸眾生。
生死於至歸，斯處則如來，其往似若至，此為無所至。
眾生所可至，當念彼上處，學最佛之道，遊樂以幻法。
其作是習道，弘道之所習，彼眾德儀行，諸佛所稱歎。
其德無有邊，終不可極盡，如此習道者，不習亦無住。
彼處不咎魔，眾都不著行，其順此道者，不起亦無滅。
已得意志行，總持弘大辯，施惠及戒忍，遂增進若海。
身口穢以無，心潔乃清淨，垢消永無瑕，修應此道者。

得昇於知達，所行習深妙，難動惠無即，守習是道者。
其諸最正覺，過去與當來，現在亦如是，致道世所歸。
彼已離衆難，值世遭難遇，永為諸佛子，其聞此法者。
快哉諸衆生，至善聞斯法，真應奉如來，其樂是經者。
有曉此道者，能斷諸情態，紹德具衆相，得應三界將。

佛說弘道廣顯三昧經卷第一

佛說弘道廣顯三昧經卷第二

西晉月氏三藏竺法護譯

請如來品第四

時阿耨達自與其眾諸眷屬俱，稽首世尊，跪膝叉手而白佛言：「願請天尊迴屈神光，往詣無熱之大池中，盡其三月，吾等志樂供養聖尊并諸神通果辦菩薩及上弟子，蒙愍納許願受其請。所以然者？吾等供事至真、正覺，豈能應於如來儀耶？冀蒙逮聞寂靜上化，唯以此法應供養也！思願重聞如是像法令常歡悅，此乃應奉於三寶耳！」

爾時，世尊不受其請；重啟二月，如來不然；垂聽一月，世尊不可；願納半月，世尊默然而已受之。於是龍王自與其眾諸將從俱，見尊受請，忻喜悅懌，善心遂生，遶佛三匝，興震雲電而降微雨，普遍天下，忽然之頃還昇宮中。

時阿耨達到坐正殿，輒召諸五百長子，其名善牙、善施、善意、善明、能滅、寂相、感動、大威、甘威、甘權、甘德、普稱、威勇、持蜜、忍力、行祥，如是比等五百長子，宿樹無上正真道已。王告之曰：「又諸子等！吾今以請如來、無著、平等正覺及眾菩薩、諸弟子俱，盡其半月，世尊正覺垂大慈哀，興有弘愍而尋受請。汝等當共同一其心，廣相勉勵，加敬世尊、至真、如來，勤念無常，當各寂靜，謙恪恭肅住*持如來儀，應棄捐淫心欲意及龍戲樂，除貪怒害，離欲色、聲、香、味、細滑。所以者何？世尊無欲而且詳安，仁雅審諦，順調寂靜，顯備諸德；侍從圍衛，儀容無量，皆承諸佛真正要戒。以是之故，汝等半月無得入宮，當除婬、恚、愚癡之念。又復如來宣講法故，必有他方神通菩薩、釋、梵、持世宿淨天子當普來會，汝等勤念廣施姝妙，光顯嚴飾，慎勿中懈，令諸會眾觀變踊躍，此乃真應供養如來。」

時阿耨達都約勅訖，輒為如來於雪山下無熱池中，為世尊故，化其無瑕淨琉璃座，而使縱廣七百由旬，乃殊異妙，周匝列置八萬四千雜寶琦樹，挍以衆珍諸寶鮮飾，蔚有光華精耀百色，中出美香；諸樹間化八萬四千七寶之堂，衆珍光彩極好無雙。施置十萬交露綺帳，乃垂異妙赤真珠貫。在諸堂上有師子座，八萬四千皆大高廣，而布無價妙好雜氎床座寶分，施諸交露，挍以衆寶。所在堂上有龍婇女各二千人，其色姝妙姿美無量，顏像蓮華口出熏香，擎持雜花、末香、塗香，調作諸妓以詠佛德，興悅衆會；於上虛空化大寶蓋，周千由旬遍覆會上，琦珍綵鏤，其寶蓋中衆色無數，懸好繒幡，於幡綵間垂諸寶鈴，景風和降，音踰諸樂，施饌百味，備辦都訖。為此變已，與其眷屬恭撿叉手，向佛跪膝而遙啟尊，以其請意歎詠頌曰：

慧藏知富積辯德，慧達無著明導衆，慧弘普至不有礙，慧上最力降神光，
慧解心行唯大仁，當觀十方衆生類，最上神尊受吾請，念啟慈愍唯時屈。
知足無貪而易養，祥福審諦聖道師，善行質信知衆意，時節以至可屈尊。

其德普稱行等王，造無請友興普念，至仁清淨踰若空，所設辦訖枉神尊。
威御十方猛持世，佛事十八而等有，度衆最首悲踊行，願與其衆時蒙至。
色妙端正相綵身，琦好種種花繡文，志樂歡悅惠法施，大仁上導願察時。
梵聲清淨若雷震，鸞鳳哀鳴師子步，妙音具足悅諸士，衆心忻望願時顧。
佛土三千無等倫，弗有能知如來心，聖尊明覩衆生行，所修常應時降此。
知時普應懷權化，了達衆生有聖誓，詳審之行目明好，神威撿足願迴光。
衆生甚多普渴仰，十力持勢威無慢，大仁德峻勇而果，聖性爾枉昇遊此。
慚祥備足德最上，寧救濟育遍無極，師友無雙協懷衆，化龍億百與有悲。
於世威猛普慈救，達知衆行應如意，開布散示唯天尊，輕舉神足願時至。

爾時，世尊知阿耨達請時已到，告諸比丘：「著衣持器，差應留守。無熱龍王遙跪啟時應受半月，宜便即就。」

於時八萬四千菩薩皆大神通德具果辦，弟子二千亦上神足，侍遶世尊周匝而導。

至真如來從鷲山頂，忽昇虛空神力而進，如其色像，身放無數百千之光，遍照三千大千境界普悉晃明。諸欲色天皆見世尊揚光無數，飛過虛空，自相謂言：「神尊致彼無熱王所，將興法化，演奧無極。及使如來為衆圍遶，即彼半月中，多諸天數百千衆，得見世尊又聞法說，緣復觀覩無熱所設莊嚴感變，而令世尊故遊到彼。」

時諸天子各各發念供養如來，或願散花，或雨名香，或施天樂以歌佛德，或復懸幢幡蓋、繒綵率隨如來。世尊身光炤耀煒煒，明踰日月。星宿淨色①及諸天光，佛之聖威神耀無量，根定寂靜，行遊*祥安。釋、梵、四天威變種種，奉敬追侍隨從如來。

於時，聖尊到雪山下住止右面，便告賢者大目連言：「汝到無熱王所處宮，當宣告之：『如來已至，時可應入。』」

於是賢者大目犍連承佛神旨，忽遷無*熱大池之中，現於虛空去地七丈，化身像者若金翅鳥王，住阿耨達龍王宮上，便告王言：「如來至也。」

彼諸龍衆及婇女等，無不愕然驚恐怖悸，衣毛為竪，四*走藏竄，展轉相謂：「此池自初無金翅鳥，斯從何來？」

時阿耨達告諸宮人太子眷屬而慰之曰：「且各安心，勿恐！勿怖！此為賢者大目連耳！承如來使，興神足變。」

賢者目連到彼告訖，還詣世尊。時，阿耨達便與其衆諸子、臣民、夫人、婇女，舉宮大小俱而圍遶，各奉名花及美末香，并衆塗香、幢蓋、繒幡、倡伎，種種調作相應，進迎正覺。

于時，世尊為諸菩薩及衆弟子、天龍尊神所共圍遶，俱而前至無熱所設廣博座場。如來到已，尋就高顯師子之座，菩薩相次，然後弟子諸衆坐訖。爾時，龍王觀視世尊及諸菩薩、弟子、衆會坐悉而定，興心無量，內懷怡悅，輒與其衆手執斟酌，所設饌具踰世甘肥，延有天味餚饍百種，以用供佛、菩薩、弟子并諸衆會，使皆充足。世尊、菩薩及諸弟子飯畢，輒各洗蕩應器察衆都訖。時阿耨達即啟如來，願聞法說。於是世尊日昃時後，便從定起，端坐說法，諸來會衆滿千由旬，從他至上，中無空缺，天、龍、鬼神及人非人周匝*圍遶至真正覺，一切會者各懷踊躍。

無欲行品第五

爾時，龍王悅顏進前跪重白佛：「唯願世尊為斯眾會如應說法，令諸一切免離生死，精除相著五陰諸苦，穢垢昧昧勞塵之行，使其永無三毒意結，蒙及龍眾得棄邪冥，伏其心意，弘致至善，使有悅豫。深行菩薩後若如來現有存亡，當使吾等所在國邑護持正法。」

於是世尊讚龍王曰：「善哉！善哉！阿耨達王！諦聽其義，勤思念之，以宣布示，吾當廣說，令此會眾，多免罪痛，根拔雜想意識志疑，使解普智，昇遊三界。」

時龍王言：「善哉！世尊！願樂廣說，當頂受行。」

是時，聖尊告龍王曰：「有一法行，菩薩應者，為天、世人甚所敬重。何謂為一？志修深法，以行無欲。何曰深法法？行無欲乎！如是，龍王！菩薩依順因緣之無離二見際，知有無者，斯見諸法依著因緣，不見有法，不由緣生。彼作此念：『其依因緣，斯無依緣，彼不依魔。』其依緣者，彼不言吾，亦不言我；又其依緣中無我我，依緣無主亦無執守；其依順緣，了解起生，速易得致四依之念。

「何謂為四？依於至義而不文飾，依於慧行不為識念，依順義經不依攀緣，依念於法而不為人。彼何謂義？何等為慧？云何順義？何謂念法？義謂空義，不受妄見無相之義，不著念識無願之義，不著三界無數之義，不著於數。又復義者，於法、非法而無其二，音聲無得，念想無念，法處無住，用無人故，命壽言聲，偽無所有。又復為義，其法義者為無欲義。何謂菩薩為法義？其無眼色、耳聲、鼻香、舌味、身更、心法之義。不生色義，不滅色義；不為痛、想、行、識之義，亦不生滅識、行之義；亦不欲、色、無色之義，亦不生滅欲、色、無色義；亦不我義，亦無我見著人之義；不有人義，亦不著人見入之義，亦不著入有佛身義，亦不法字著入之義，不數計會有著入義，亦復不有施、戒、忍、進、定、智著義，曉入一切諸法之義；是謂菩薩為法義也。其從是義而不有退，是謂為義。

「彼何謂慧？曰苦無生慧，習無念慧，盡都盡慧，道無志慧，於陰幻法諸性法性而無毀慧，在於諸情空*聚為慧；解入諸法明了眾生根滿具慧，志念無忘，於諸止意、不意無念，於諸斷意等善不善，於其神足身心建慧；又於諸根了輕重慧，於諸覺意覺諸法慧，而於諸力已降調慧；道為無數於滅寂慧，觀別法慧，始不生慧，來不至慧，中無住慧；於身像慧，言以響慧，心法幻慧。是謂菩薩明達智慧。

「又何謂為順導義經？從是因緣而起，然者滅於愚癡，滅於老死無我，而然於無我、人及與命壽，深解諸物，若如來、我皆非真法，而然於三脫之門也，等於三世，求三無著，所謂諸法見都無生，視了知者而得等滅，離俗情態。菩薩來智慧度無極，於諸意念而無疑惑，應入是行，斯謂順義。無所去至，亦無從來，泥洹無為，不有去至，是謂順義。

「何謂如法？若諸如來興與不興，法身常住，是謂如來。如如本無，而無增滅，不二無二，真際法性，謂之如法；不毀行報，無行報法，斯謂如法；大乘者由六度無極，緣一覺乘從因緣脫，聲聞之乘依音聲脫，是謂如法；施致大福，戒得生天，博聞多智，定念致脫，斯謂如法；從行不修，興有生死，行之純至，而立無為，如法之謂；愚以欲力，智則慧力，斯謂如法。其一切法悉依法性如此，龍王！其依因緣而起生者，斯則應得四依之念。其依因緣，彼則不依斷著有無，是謂其見因緣起者，斯見諸法；其見法者，斯見如來。所以者何？因緣乎！龍王！等起無起，法於非法等而無著。又如來者，亦為無著因緣之起，亦無有起法不可得，覺其法者斯則如來。於因緣起慧眼見之，慧眼見者，斯則諸法；見諸法者，斯則如來。是謂其見因緣起者，斯則見法；其見法者，斯見如來，又如來者，以法見法。如是，龍王！若以此法行應脫者，斯謂菩薩而無欲行。

「又呼，龍王！無欲菩薩不作欲習，悅樂賢聖捨非賢聖，勤慕興護於賢聖種，廣合諸慧為法作護，修於博聞志樹無忘，不捨戒身，智身無傾，定身不動。於其慧身得善堅住，脫慧見身強固難轉，脫慧見故。又復，龍王！無欲菩薩得無數佛正法度義，亦具無數諸佛要慧，又果無盡諸佛之辯，得通無量諸佛神足，因致無數諸佛權解，普入無量衆生之行，遊過無數諸佛國土，因見無數百千如來，緣得聽聞無數諸法，得無數義，達無數慧，曉無數行，度無數衆。

「若是，龍王！無欲菩薩常應清淨消盡衆穢，德不可量，三界自由，不有所著。何則然者？以其無欲自從心生，有三事從心出生。何謂為三？從其欲生，又從愛生，亦由起生。復有三生：觀於起生，又觀起生，又觀所行觀心無處。又復三生：滅寂專一，曉解於觀，如法隨行。又復三生：德備仁調，以為寂靜，從行勤生。又復三事：從於行直，而無有諂，仁慈調忍。復有三事：無沈吟疑，順善不僞，志足易養。又復三事：從其空生，又復無*相，亦*曰無願。又復三事心之所生：諸法無常，從其心生；諸法皆苦，亦由心生；諸法無我，亦從心生。復有三事而從心生：諸法無常、諸法無我、滅盡無為皆從心生。

「如其，龍王！菩薩等滅，亦由心生，謂其不捨普智心，行等一切，以大慈故；不捨衆生，大悲心故；不厭生死，用大喜故；等離喜怒，以大護故；所有*

惠施，不望報故；眾戒學行，德義備故。內*尅己過，不論彼短，能忍眾生諸不善行；欲令彼人心固金剛，合集眾善諸德之本，身命無惜；得致一切諸定正受，心無勞惓；不以正受，而有所生；曉智以權，順隨眾生，以其諦慧，度諸志脫；欲達聲聞、緣覺乘者，顯念佛法，求諸佛法。心能忍苦，廣宣法故；眾利敬養，蔑而棄之；志具諸相，德行無厭；充滿智慧，博勤多聞；習善友故，值善知識；用謙敬故，得應謙行；降自大故，以降自大；志行備故，具滿意行；用無諂故，以離諂者；言行應故，以其無欺；修誠信故，以住信言；離眾欺故，滅除妄語；生誠信故，降心於信。如是，龍王！其有菩薩而生是心，斯謂無欲。

「又復，龍王！無欲菩薩，魔不能得其限便也。所以者何？以彼菩薩應無限故，而亦不行有限之法。彼何謂為是限法乎？欲婬、恚、癡斯皆有限，菩薩於是不有所著，以此謂之為無限也。聲聞、緣覺其乘有限，菩薩住於普智心者，魔終不能得其限便。有念、無念、念想有限，菩薩以離眾念之應。如此菩薩，魔不能得其限便也。

「如是，龍王！有二魔事，而是菩薩當深覺之，亦當遠離。何謂二事？於其師友無恪敬心；而自處大，貢高蔑人，是謂為二。又二魔事：捨菩薩六度無極藏，心返喜樂親行聲聞及緣覺法。復有二事，何等為二？無其智慧而欲行權；與諸墮著，望見眾生，樂相狎習。復有二事：寡聞少智自以慧達，雖有通博於中自大。又復二事：於德甚少妄生尊貴，若修德行而樂小乘。復有二事：正法不護，不度眾生。復有二事：志不樂習於諸菩薩，及眾通達明智者俱；專行誹謗清高菩薩，主為法師數興蔽礙，又障師訓，而多諛諂。又二魔事：捨諸德本，心存不德。復有二事：雖在閑居，懷想三毒，志常憒鬧；若遊國邑有貪利心。復有二事：為非其人說深要法，應當為說而反不說。復有二事：不覺魔事，遠離普智，意數錯亂。如是，龍王！其諸魔事色像若斯，無欲菩薩而永無此。

「又復，龍王！若有菩薩修於清淨行應無欲，當致菩薩十六大力，以此諸力降調己志，以化眾生。何謂菩薩十六力耶？曰：得志力、意力、行力、慚力、強力、持力、慧力、德力、辯力、色力、身力、財力、心力、神力、弘法之力、伏諸魔力。無欲菩薩得是菩薩十六大力。

「何謂菩薩為志力耶?如是,龍王!菩薩志力,能覽諸佛一切所說,總而持之,是謂志力。斯菩薩意,應諸佛行,於諸眾生而無斷礙,是謂意力。能達一切音聲所說,解了諸義,是謂行力。離諸罪行,*興眾德法,是則慚力。一切諸難,不為非行,斯則強力。億千魔兵不敢而當,是則智力。通達持法,宣示等學而無遺忘,斯則持力。無著不忘,於百千劫其所可說無礙不斷,隨解諸法,是則辯力。若諸釋、梵及四天王往詣菩薩,黯然無色,是端正力。以其寶首,所可念願,應意即至,是則財力。過諸外道,在中獨尊,是則身力。眾生之心,能一其心,知眾生心,順行化之,是則心力。眾生應以神足度者,為現神變使眾覩見,是神足力。若所說法,使眾聞之而無中斷,彼受順行,等除苦盡,是弘法力。若其禪定正受之時,得承佛旨賢聖行法,是降魔力。斯謂菩薩十六大力。其有行者志慕願此十六之力,而欲得者當修無欲。譬如,龍王!一切河流歸於大海,道法諸行三十七品悉歸無欲。又若,龍王!諸藥草木依因於地,諸善行法皆由無欲。譬如，龍王！轉輪聖王眾生所樂，若此其有無欲菩薩乃為諸天、龍、鬼、世間人之所愛樂也。」

爾時，世尊為阿耨達并諸太子而說頌曰：

欲為慧菩薩，　志願佛道者，　彼當離穢法，　常勤行無欲。
慧解因緣法，　不猗於見際，　覩法以因緣，　無緣不有法。
緣生彼無生，　是不與自然，　善緣斯亦空，　知空彼無欲。
著緣而無相，　脫願寂復寂，　澹泊像大愚，　其處魔不審。
見法無著緣，　於其無吾我，　彼不有我人，　知是則無欲。
無主不守護，　不獲亦弗捨，　本脫無取捨，　離欲常了法。
觀義不為飾，　慧行常脫識，　曉了順義經，　依法不為人。
空義是佛法，　及脫無相願，　不猗造見念，　是義其無欲。
於法不有二，　音聲無可得，　處法難可動，　不人義無欲。
法義無欲我，　眼耳不色聽，　鼻口離香味，　身心無更法。

不色生威儀，又不離痛想，亦無識住我，達是應法義。
不住三界義，亦無吾我義，世尊無色身，無字法說義。
計數非法義，至要不以施，非戒忍進定，慧無我世尊。
諸法解無義，智謂是法要，於義永非義，無欲則佛法。
無生曉苦慧，不起無有滅，不生亦無終，如是應尊習。
五音解若幻，知其如法性，曉內如空聚，了是為無欲。
知法至趣向，明達衆生情，逝念以止意，無欲得是慧。
意斷無有二，神足心輕騰，以力而無慢，諸根知止足。
覺定解以智，明了八直道，慧觀於滅行，解法所至歸。
本法不有生，當來而未至，現在無住法，不欲知如是。
身像無堅固，語空譬如響，心幻若如風，無欲解如是。
知說順義經，了達於因緣，本癡生死滅，無欲是慧義。
無我人命壽，解了法非法，以脫於三門，所說空無著。

無生見滅道，習慧喻俗行，不從心意生，無欲覺是行。
法性常如住，佛興及滅度，無二覺不覺，無欲知是法。
其積如本際，彼積悉諸法，空積及人際，無欲達是智。
法性常以住，覺起而滅度，不識知其二，無欲法如是。
不殃善不善，知法無罪報，佛法不從他，從行度無極。
以離因緣覺，音脫聲聞行，惠施致大富，彼見戒生天。
博聞得智慧，守意化衆生，至聖都守意，無欲法如是。
力常轉諸欲，智慧志存法，等念是諸法，法性常無得。
識智因緣起，而致四德行，知義及與法，順義知無欲。
觀緣彼見法，以法見世尊，等於起滅法，無欲了尊法。
因緣跡無得，音聲法無字，斯法得本無，於聖謂如來。
以慧見因緣，無見不見法，明慧了因緣，是謂見世尊。
彼求無欲行，悅性諸賢聖，法性毀不捨，而護聖賢種。

常護佛正法，　無欲聞不忘，　戒根不捨離，　於定達難動。
知身慧不動，　常住於脫身，　及脫慧所見，　無欲常安住。
解*入諸佛法，　無量衆聖道，　得佛神足具，　辯達一切行。
知衆情意行，　忽然遊諸土，　得見諸如來，　受彼所說法。
聞守解達義，　宣示無量人，　知彼億數行，　志得向無數。
無數當自在，　降心入功德，　伏意使無欲，　終不還是世。
諸陰心*已脫，　了知起滅處，　觀滅無所有，　所習以而無。
聲性心所行，　不諂常端直，　無佞調仁善，　無欲德如斯。
以脫空*相願，　解苦知生死，　無我法常寂，　無欲從心行。
普*智心等慈，　以悲濟衆生，　喜不厭生死，　行護無有邊。
所施無望報，　省己立諸行，　忍耐善不善，　念脫彼衆生。
勤精強修德，　不計有身命，　以次知諸定，　亦不隨於定。
慧定大精進，　於數不墮數，　以諦化聲聞，　智不志滅度。

無欲值佛世，彼有此諸法，魔不知其行，安住法了是。
無欲不有限，曉是貪茹根，離欲彼無想，魔不知其處。
其想吾我應，彼自起魔事，是悉度諸行，衆魔而不審。
無欲志不忘，所行常清淨，無欲不意志，慚行而不毀。
以聞無欲者，悅慧敬如來，其住如法住，彼應如世尊。
諸佛十力者，菩薩欲奉事，聞斯無欲行，勤意當受持。
其聞此無欲，悅信廣奉行，彼常致無欲，得佛是不久。
無欲聖所由，而致最清淨，無欲得成佛，以化無有邊。
去來現在佛，諸得衆相好，悉從斯無欲，及行是法故。

爾時，世尊說是無欲法品之時，諸在會者四萬二千天龍、鬼、神、人與非人皆發無上正真道意，萬二千人得不起忍，又八千人逮柔順忍，三萬二千天子神龍得離塵垢悉生法眼，又八千人而離欲行，八千比丘漏盡無餘。當爾之時，三千大千世界六反震動，普遍十方熀然大明，於雪山下無熱池中，周匝現有所未見聞，光耀妙花皆至于膝，其池水中普生乃異，鮮飾蓮花大如車輪，中出美香，花色無數百千諸種，皆是佛之威神所致，亦為是法興其供養，以悅無熱龍王意故。

佛說弘道廣顯三昧經卷第二

佛說弘道廣顯三昧經卷第三

西晉月氏三藏竺法護譯

信值法品第六

爾時，阿耨達龍王心甚悅豫，又及龍王五百太子宿發無上正真道意，聞佛說是，尋即皆得柔順法忍，忻心無量，各樂供養，輒為如來施飾寶蓋，進上世尊，同時白佛言：「聖師、如來、至真、正覺為吾等故，出現生世。何則然者？令吾等聞普信道品，得聞是已，意而無惓，不有懈退亦無驚恐，聞以加重，專心習行，樂聽無厭，如是像法也。又惟如來解說，菩薩云何得值諸佛世尊？」

如來告曰：「諸賢者等勤念受聽，吾當廣說。」

諸太子言：「唯思樂聞！彼諸上士受世尊教。」

如來告曰：「樹信賢者興值有佛。何謂為信？信謂正士修諸明法，奉之為先。何謂明法？曰：依行應不離德本，習求樂賢慕隨聖眾，勤心樹信志無勞疲，思僥聞法拔棄陰蓋，順習於道得法利養；以施周*惠，戒與不戒濟接等與，在諸恚怒而常有悅，勤樂普智心無懈退，信佛不休未曾亂法，悅心聖眾志道難動，喜樂正真而離貢高，於眾自卑；常有等心諸處無著，終捨身命不造惡行，修立質信言行相應，等過於著心無垢穢，身、口、意行順隨聖化，明了諸事得為清淨；知足無貪所行應淨，曉入智幻習求慧根，依順七財修念誠信，根力以備而行正見；所受師友謙恪禮敬，安足易養數詣法會，心無退厭有患生死，示無為德勤心精進；求昇普智以弘道化，於如來法志樂出家，修諸無數梵清淨行，造立慈悲救彼眾生，志存反復；其有報恩及不報者，等接護之心無適莫；不自念利常悅彼恭，忍調之行以悉備足，目見無惡不背說人，內*情已☆寂志於閑居，心常樂靜專念習法，而無諍訟等己彼過，求備戒具，集合定行勤謹於道。斯謂賢者行應俗信樹信如是。此謂興值佛世者也。

「又，賢者等！其於世俗造信無忘，是謂興信值佛世也。又，賢者等！何謂俗信？其有信者，信諸法空，以離妄見；信知諸法，以為無想而離念應；信知諸法，悉皆無願不有去來；信知諸法，無識無念，靜身、口、意，寂無有識；信知諸法，以為離欲，無我、人、壽命；信知諸法，信知本無，去來自然；信知諸法，真際無跡，如本無跡；信知諸法，已皆自然，等若空跡；信知諸法，而依法性；信知諸法，等過三世；信知諸法，欲處邪見而皆悉盡；信法無著，以離本癡，本無清淨；信知諸法，心常清淨，亦不興起客欲之垢；信知諸法，無所觀見；信諸法護，等斷眾行；信法無我，以過喜怒；信諸法無心無形像而不可獲；信諸法偽，如握空拳，誘調小兒；信法無欺，不有上下，無所捨置；信諸法虛，若芭蕉樹；信法自由，如常寂靜；信法無審，不住三處；信法永無，不有所生；信法若空，以等無數；信知諸法，若如泥洹，常自寂靜。如是，賢者！其於世俗興起是信，斯謂造信而值佛法。

「又復，賢者！其有信值佛法名者，此則名曰諸法都無起之謂也。所以者何？不色生故，不色無生化轉之習，不痛、想、行、識，已無識起；不以眼、耳、鼻、舌、身、意無起轉習，不身起轉，不癡有無，不生老死，有無起故，如值佛世。不起有生，亦不起滅，又復無起習於無滅，不以正意，無志意習，而值佛世。總要言之，亦不以三十七道品法起無起習，亦不以道無生之習，不以起慧亦不滅慧，不慧、無慧無二之習，如值佛世。」

當說值信佛品世時，無熱龍王五百太子皆悉逮得柔順法忍。於是世尊復說頌曰：

興信值佛世，　而習於不生，　其無向信者，　斯不值佛世。
修信謂最上，　從致清淨法，　行質有報應，　不違厥所修。
信習諸賢聖，　勤隨常禮敬，　心不有懈退，　此信之所行。
勤行聽法說，　陰蓋不能動，　從信得致道，　行逮於柔順。
以法所得財，　轉惠普周濟，　護戒與毀戒，　行信而等施。

能悅諸恚怒，道心不懈惓，勤求大乘法，有信悅向衆。
永離大貢高，志常自卑下，所在無所著，立信相如是。
志信不惜身，終不造惡行，守善無妄語，言行常相應。
悅信以過界，樂行於無心，身口意清淨，習隨聖所護。
有信行內淨，常為慧所將，知身之要本，求問宣所聞。
等念於七財，得力根以足，長離衆邪見，志常習等行。
禮恪有悅心，敬事如其師，心宿善虔恭，知足無所遺。
其心常無念，所志唯道法，有厭生死者，引示無為德。
脫之所當行，唯常求悅心，速離於是世，修梵行無惓。
懷受諸衆生，救彼無利望，當報所受恩，悅信當勤求。
己利不以悅，亦不嫉彼供，仁忍而悉備，無諂調質直。
行信目所見，不背說人短，根寂性安敏，志悅樂閑居。
其心無憒鬧，自勵備恩行，先順不有諍，內省剋己過。

勤求具戒行，　專習於定道，　悅信慕樂行，　信者相如是。
其過欲信者，　彼行而解此，　與法不有諍，　深妙佛所說。
誠信信於空，　彼都無衆見，　誠法無有想，　不意離衆念。
當除斷諸念，　覺了去來事，　法求無著作，　不有於身心。
信為無欲法，　離我人壽命，　信者解無本，　得至不二處。
其本無有積，　體無若虛空，　諸法信亦然，　便與法性同。
等過於三世，　諸法無有漏，　欲處及與貪，　樂信無受見。
諸法不有著，　其本明清淨，　客欲無能蔽，　不處心有住。
諸法不可見，　因緣而無起，　常觀於高行，　不受所住短。
無合不有離，　脫者無合同，　信悅於空法，　愚之所可惑。
湛泊意無起，　欺偽如芭蕉，　口言而自然，　無去亦不有。
諸法無所有，　所見皆不要，　其法若虛空，　等緣無有數。
諸法如泥洹，　本無不可見，　信悅而行此，　解了身虛空。

其有如是信，菩薩及凡人，彼則值奉佛，所處無有惡。
不以造色行，得應值佛世，無色不有處，不來亦不去。
於色無有生，不滅亦無住，當來無所至，值佛廣演說。
五陰亦如是，化習轉無生，值佛當敢說，慧達諸菩薩。
其身及諸情，亦習以無生，佛興以無生，常救諸墮生。
癡本無有生，生死亦如斯，是緣如本無，從法而有佛。
無起不有生，不滅無有住，是以知無處，處亦不可見。
斯亦不自在，與佛而博演，無志不有住，是亦佛所轉。
諸種亦如是，佛種順如法，斯類亦起無，如佛而等與。
其行如是者，佛興為若此，悅信斯大處，其限不可量。

轉法輪品第七

爾時，世尊告太子等：「又，諸賢者！何謂菩薩得轉法輪？其有布露如是像法樂說句義，受持不忘修而行之，諸有不發大悲意者，為興普智隨順衆願而為說之，廣宣布示，志不有惓忽棄利養，勸念順時受持護行，斯謂菩薩應轉法輪。又若如來所轉法輪，而其法輪行像入德，當粗剖說，不以起法亦不滅法，不以凡夫下劣行法，亦復不以賢聖法故而轉法輪。

「又其法輪不中斷絕，等斷善惡，彼以是故，為無斷輪。又其法輪因緣之起，不起無起而有其轉，以斯之故為無起輪。又其法輪不以眼色、耳聲、鼻香、舌味、身更、心法諸情轉隨有轉，以此之故彼無二輪，若有二者則非法輪。又其法輪亦不過去、當來、現在所著而轉，是無著輪。又其法輪不我見轉，非人、命、壽所住而轉，是為空輪。又其法輪不識行想滅念之轉，是無想輪。又其法輪不於欲界、形、無形界所望而轉，是無願輪。又其法輪不計衆生有異而轉，不處二法，是凡人法、是聖戒法、是聲聞法、是緣覺法、是菩薩法、是為佛法，彼以是故為無異輪。又其法輪不以有住法輪而轉，以斯之故，為無住輪也。

「法輪名乎？諸賢者等！真諦正輪，常無毀故；要義之輪，等三世故；無處之輪，諸習見處以等過故；寂寞靜輪，身心無著不可見轉，意識離故；無樸之輪，五道不處；審諦之輪，無諦現故；行信之輪，等化衆生用無欺故；不可盡輪，字無字故；法性之輪，以其諸法依法性故；本積諦輪，本無積故；本無之輪，如本無故；無所造輪，無念漏故；無數之輪，導至聖故；如空之輪，明見內故；無想之輪，無外念故；無願之輪，無內外故；不可得輪，修過度故。又，諸賢者！其如來者，以此法輪，轉之衆生諸意行也。其轉不轉，彼不可得，法無所捨。」

於時，世尊說是轉法輪品之時，天、龍、鬼、人及諸種神欣心踊躍，顯光讚揚如來斯法，皆同聲曰：「善哉！世尊！甚為難值！如來示說，轉此法輪，聞者奉行則應法輪。是法名轉空虛之輪，諸已過佛及與當來，并諸現在，悉由是法；其有信者斯則已度，諸行此法；吾等，世尊！代其勸助彼諸衆生。其興是心，常欲聞斯法輪品者，聞當發求是道要行，彼亦不久得轉法輪。」

於是衆中聞是說者，有萬天人皆發無上正真道意，五千菩薩逮得法忍。

於是世尊告諸賢曰：「又，正士等！其護正法，受持正法，營護正法，是謂護法。所以者何？於永無滅應是行者，天及世人終不能當！」

於時，無憂前白佛言：「又唯，世尊！若斯正士以如是法而得最覺，於其本無不有惑者，又如是像諸正士等，當共擁護。所以護者，令諸正士使其速應於此大乘，彼皆行已，得轉法輪，又能與識法之大明。是故，世尊！以斯等教，要法正護，使發大乘以護法師，安救敬禮，順聽禁戒。」

是時，世尊讚歎無憂龍王子曰：「善哉！善哉！無憂正士！諸發大乘為法師故，安救擁護，是謂護法，為諸法師，營護正法，護持正法。

「又復，無憂！護正法者得十功德。何謂為十？無其自*大降下貢高，又行恭敬，亦無諂行，勤思樂法，志慕習法，專意隨法，行觀於法，樂宣說法，樂修行法，隨所志乘順如說之，是為十行以護正法。

「又復，無憂！有十事行護得正法。何謂為十？若族姓子及於族姓女所聞法師，遙禮其處，思樂得奉，來輒敬愛，供給所欲衣被飲食，護以諸事，往詣謙敬，順聽所說以宣同學，障其說非，常樂稱歎，便譽流沛，是為十事得護正法。

「又復，無憂！有四施行得護正法，何謂為四？筆、墨、素施給與法師；衣被、飲食、床臥、醫藥供養衆所；若從法師聞所說法，以無諂心而讚善之；所聞受持廣為人說；是為四施得持正法。

「又復，無憂！有四精進得持正法，何謂為四？求法精進，勤廣說法，敬禮法師，若毀法人正法降之亦以精進，是四精進得持正法。」

時阿耨達五百太子聞佛說是，悅懌欣喜歡樂無量，同聲言：「如來所說，甚善無比，解諸狐疑。」

各以宮室及其官屬，盡以上佛奉給所應，以敬順心而重言曰：「從今世尊當勤受化、永常無惓。至於如來無為之後，佛之所說是像寶法，當共敬受是經要品，求索通達，勸進修行。斯則，世尊！吾等至願，又若如來無為之後，吾等聖尊在所國邑，當共同心供養舍利，護奉禮敬，至於現滅也。」

於是賢者耆年迦葉謂諸太子：「又，賢目等！如仁輩言：『獨欲全完供養如來神身舍利。』汝等是言，多斷衆生諸德之本，障蔽明淨翳道至化，使興是言。

何則然者？又若如來本始造願，使留舍利布如芥子，為諸衆生降大悲故。何得全完而獨供養耶？」

彼正士等即答賢者大迦葉曰：「唯然！迦葉！勿以聲聞所有智限，而限如來深邃無極明達之慧。所以者何？若如來者，有普智心一切之見，處以神足感動變化；若其興念，能使三千大千世界天、龍、鬼、神，各於宮殿普令完全安置舍利，使各念言：『吾獨供養如來舍利，其餘者不！』又復，迦葉！若如世尊無為之後，隨衆生心應置舍利。又復，迦葉！若如來德，至阿迦膩吒天上立置舍利，其如芥子能普明照一天地內，是佛世尊神威變化感動力也。」

決諸疑難品第八

爾時，賢者須菩提曰：「諸族姓子！又如來者為滅度耶？」

曰：「須菩提！於起生處，當有其滅。」

須菩提曰：「諸族姓子！如來有生乎？」

曰：「如來者，如其本無，無生而生。」

須菩提曰：「如如本無，無生不生，彼都無生也。」

答曰：「是者，須菩提！則佛所生，如其本無而不有生。」

須菩提曰：「佛生如是，滅復云何？」

答曰：「亦復如如本無，生於無生，無為滅度，亦爾本無。唯，須菩提！不起而生，滅度亦爾。如是其滅，亦爾本無也。」

說是語時，無熱淵池現大蓮花，若如車輪藪有無量種種之色，以名衆寶而用光飾，於諸花間有大蓮華，色最暉明，現奇異好，特獨踊高。

賢者阿難在於無熱大池之中，覩其變化所見若斯，尋啟世尊：「今此變化為何瑞應，興其感動乃如此耶？」

如來告曰：「且忍，阿難！自當見之！」

說適未久，忽從下方乃於寶英如來佛土寶飾世界，六萬菩薩與濡首俱，忽然踊出，遷能仁界，昇於無熱大池之中，各現妙大蓮花座上，濡首童子即就蓮花高廣顯座。是時，衆會皆悉見之，愕然而驚。時阿耨達及諸菩薩、釋、梵、持世來會諸衆悉各叉手，稽首敬禮。濡首童子退住虛空，共持珠寶交露之蓋。

時濡首與諸菩薩俱并蓮花座，亦踊虛空去地乃遠。於上而雨未曾所見最妙蓮花供養如來，從諸花中有聲出曰：「寶英如來問訊世尊，起居無量，體祚康強，神力安和乎？」聲復言曰：「濡首童子與諸菩薩六萬人俱往詣忍土，至於無熱龍王淵池，觀彼感變，又志樂聽龍王所問莊飾道品，入法要說，為世尊廣勸法言，便有懽悅。」

於是濡首及諸菩薩從虛空下，悉詣正覺，稽首如來，欣心肅敬住世尊前。

爾時，天師告濡首曰：「童子來乎？為何志故與諸菩薩俱至此耶？」

濡首白佛：「吾等，世尊！在彼寶英如來佛土寶飾世界，承聞至真能仁如來，垂慈十方，演說斯要，聞是法故，尋從彼土昇遊詣此奉禮天師，緣聞如來所講法也。」

迦葉白佛：「近如，世尊！寶英佛土寶飾世界，而諸大*士忽至此耶？」

濡首答曰：「唯！如迦葉坐一定時，極其神足飛行之力，盡其壽命於中滅度，而由不能達到彼土，其國境界弘遠乃爾。」

佛告迦葉：「其土去此過於六十恒沙佛剎乃至寶英如來佛土。」

曰：「其來久如而到此乎？」

答曰：「久如耆年漏盡意得解也。」

大迦葉曰：「甚未曾有！唯然，濡首！是諸正*士神足若斯？」

濡首又曰：「耆年漏盡意解久如耶？」

答曰：「如其轉意之頃。」

又曰：「耆年意以解乎？」

答曰：「以解。」

濡首復曰：「其誰縛心而有解乎？」

答曰：「濡首！以心結解，非脫有解，致慧見也。」

曰：「唯！迦葉！其無縛心以何解乎？」

迦葉答曰：「知心無縛，斯則為解。」

曰：「唯！迦葉！以何等心云何知心？過去知耶？當來、現在乎？去者滅盡，當來未至，現在無住，以何等心而知其心？」

曰：「心已滅者是，濡首！即無身心之計數也。」

曰：「賢者心知其滅耶？」

曰：「心滅者不可得知。」

曰：「其得致都滅心者，彼永無有身識之得。」

曰：「大辯哉！濡首童子！吾等微劣，豈能應答上辯之辭。」

濡首又曰：「云何？迦葉！響寧有辭耶？」

曰：「無！童子！因緣起耳。」

曰：「不云乎？唯，大迦葉！一切音聲若響耶？」

曰：「爾！」

濡首又曰：「響辯可致不乎？」

曰：「不可致。」

又曰：「如是！唯，大迦葉！菩薩協懷權辯之才不可思議，亦無其斷，若耆年問從劫至劫，菩薩機辯難可究盡。」

爾時，迦葉而白佛言：「唯願世尊加勸濡首，為此大眾弘講法說，令諸會眾長夜致安，普使一切得明法要。」

於是眾中有大菩薩其名智積，問濡首曰：「何故？童子！長老迦葉年耆極舊，所言怯弱微劣乃爾，為以何故名之耆年？」

濡首答曰：「是聲聞耳故不果辯。」

智積復曰：「斯不知發大乘志耶？」

曰：「永不矣！唯以聲聞乘之脫也。」

曰：「又，濡首！何故名為聲聞之乘？」

濡首答曰：「是族姓子！世尊能仁隨諸眾生，興三乘教敷以說法，有聲聞乘、緣一覺乘及大乘行。所以然者？由此眾生意多懷貪，志劣弱故，說三行耳。」

智積又曰：「云何？濡首！如空、⊙無*相、願都無其限，何故限之有三乘乎？」

曰：「族姓子！是諸如來執權之行。空、無*相、願不有其限，為諸著限而諸有限，終不限於無限行也。」

曰：「又，濡首！吾等可退，使永莫與劣志眾生得有會也。」

濡首答曰：「諸族姓子且忍，當從無熱龍王聞其智辯及無量法。」

耆年迦葉謂智積曰：「云何？正*士！如彼寶英如來佛土，云何說法？」

智積答曰：「唯一法味，從其一法演出無量法義之音，但論菩薩不退轉法，諸佛奧藏要行之論，從已取脫不由眾雜，依於普智永無餘脫，恒講菩薩清純之談，其土都無怯弱之行也。」

時阿耨達問濡首曰：「仁尊濡首來奉如來，為何等像觀於如來？以色觀耶？痛、想、行、識觀如來乎？」

答曰：「不也！」

「以約言之，色苦觀耶？痛、想、行、識苦觀之乎？滅色、痛、想、行、識觀耶？為以空、無*相、⊙無願行觀如來乎？」

答曰：「不也！」

又問：「云何去、來、現在相好？肉眼、天眼、慧眼觀如來乎？」

答曰：「不也！」

「云何？濡首！以何等相觀如來耶？」

答曰：「龍王！觀於如來，當如如來。」

又曰：「軟首！如來云何乎？」

曰：「如來者無等之等，等不可見，用無雙故，故妙矣。龍王！如來極尊，無偶無雙，無比無喻，無儔無等，無匹無倫，亦無色相，為其無像，無形無影，無名無字，無說無受也。如是，龍王！如來若此，當作是觀觀於如來，亦不肉眼、天眼、慧眼而觀如來。所以者何？其肉眼者以見明故，如如來者無冥無明故，不可以肉眼而觀；又天眼者有作之相，若如來者等過無住故，不可以天眼而觀；又其慧眼知本無相，又如來者衆都永無故，不可以慧眼而觀。

「云何？軟首！觀其如來得為清淨？」

曰：「若，龍王！其知眼識心不有起，又知色識心無起滅，其作是觀，觀於如來，為應清淨。」

爾時，其從寶英如來寶飾佛土菩薩來者，得未曾有，而皆歎曰：「甚快！妙哉！斯諸眾生善值如來，逮聞如是龍王所問決狐疑品，聞巳悅信，不恐不怖，又無驚怪，加復受持，諷誦宣布，如是正士應在慧署。吾等，世尊！不空至此，值聞是要無極像法。又若，世尊！斯法所至聚落國邑，當知其處如來常在，終不滅度，正法無毀，道化興隆。何則然者？以此法品能降魔場，伏諸外道也。」

時阿耨達謂軟首曰：「善修行者，軟首童子！斯之菩薩逮聞是法，得佛不難，進己勸人，勤道無惓也。何謂菩薩應修善行？」

軟首答曰：「若是，龍王！如貪行空，施行亦空，等解於此，是謂善行。以約言之，不戒與戒，懷恚及忍，懈退、精進、亂意、一心，如其愚空，智慧亦空，於是等行斯謂善行。又復，龍王！如其婬欲、恚怒、愚癡為之空者，無其婬欲、恚、癡亦空；如參行空，無雜亦空；於其等行是謂善行。又復，龍王！如其八萬四千行空，賢聖正脫亦悉為空，於斯等行是謂善行。又復，龍王！若有明賢修菩薩行，無行無不行，亦不見行，不有惑行，亦無念行，又不知行，於是等行是謂善行。」

無熱龍王謂軟首曰：「云何？童子！菩薩行於無所行乎？」

答曰：「龍王！若初發意行菩薩道至得佛坐，所行功德，悉由初行不生之行，無受處行，無獲捨行，無櫟之行，又無著行，亦無諦行，無有限行，亦無惑行，又無婬行，無所作行，亦無*持行，無審之行，亦無底行，是謂菩薩無行之行。若菩薩以不生之行，無行不行，得三十七品無所造作，以慧而脫，永脫於脫，不過二際，明了本際而不取證。菩薩作是，此謂菩薩得不起忍，如斯之行，此謂善行。」

說是語時，三萬四千天、龍、鬼、神、菩薩行者，逮無從生法樂之忍。

佛說弘道廣顯三昧經卷第三

佛說弘道廣顯三昧經卷第四

西晉月氏三藏竺法護譯

不起法忍品第九

時阿耨達謂軟首曰：「不起法忍，當云何得乎？」

軟首答曰：「忍不生色、痛、想、行、識，是謂菩薩得不起忍。又復，龍王！菩薩所得不起法忍，等見眾生以致是忍，等彼眾生如其所生，等見眾生亦無有生，等見眾生以如自然，等見一切若如其相，亦不與等而見其等，是謂菩薩等見忍空。云何為空？眼以色識，耳之聲識，鼻而香識，口之味識，身所更識，心受法識，如諸情空，其忍亦空，過忍亦空，現忍亦空；如其忍空，眾生亦空，何用為空？以欲為空，恚怒、癡空，如眾生空，顛倒亦空，欲垢起滅亦悉為空。作是智行，斯謂菩薩行。應不起法忍之者，其等眾生已應向脫。何則如是？又彼菩薩而作是念：『如其以空，至於我垢及諸眾生空無所有，御欲如此是欲已脫，於本自無一切眾生，如此之忍，於欲自在，以脫是欲，根寂無處，其永不滅，無脫不脫，亦無有得至脫者也。』若斯永脫，則彼是故，住處自然。

「又此，龍王！若有菩薩行應忍者，拔度一切不有其勞。所以者何？見諸眾生本都無縛，於本自脫，彼作此念：『是諸眾生悉著一欲，行者不著而脫本法；一切眾生著其不諦妄想之念，菩薩了此，終始無著，已脫法本。』又復，龍王！得不起法忍菩薩者，雖未得達佛要行處，然是菩薩不住凡夫、學無學處，普入諸處，習度無惓。不於欲處有其婬行，恚處不怒，癡處不愚，不於處所，以無欲住，離眾欲際，御持諸姓導化眾生。自無欲垢、貪著、穢行，彼於魔界及與佛界，并自然相而無疑惑，亦不念其法性之處；普現於彼眾生之界，了知*諸處法非法處，曉入行處，以慧而觀，於行之處及生死處，亦不生死入隨生死；所在諸處為造德本，守靜不疲，解知生死如無生死，不以賢聖修應而脫。」

時阿耨達謂軟首曰：「如仁軟首而作是言：『菩薩不以修應向脫，其曉是學斯則菩薩修應向脫。』何謂菩薩修應向脫？」

軟首答曰：「得不退轉，是謂菩薩修應向脫。又復，龍王！菩薩曉知有念未脫，為諸隨念衆生等故，建立精進化轉無念，言有吾我亦為未脫。又復，龍王！其菩薩者已無吾我，向諸縛著衆生類故，為起大悲而以度之。彼見生死都無生死，生諸所生以其無生，衆生無生而皆等見。為諸倚著衆生之故，現生受身，永無其生亦不有終，是慧菩薩應修向脫，執權而還，還住生死，現在所生受身之處，濟化愚冥導以智慧，得免罪苦。菩薩以空故應寂向脫，以權而還，反于生死，為諸衆生興發大悲；菩薩無相修應向脫，弘權而還，還遊生死，向諸隨念衆生之故，為起大悲；菩薩無願修應向脫，執權而還，還住生死，為諸隨願衆生之類，向發大悲，化行無願脫乎。

「龍王！菩薩解入無所有法，不捨衆生入於無我及人、命、壽，不忘道場，曉入無量果，致大人三十二相；終寂靜寞，無寂不寂，亦無其亂等過諸行，無心、意、識不違本願，昇普智心等離衆念，權曉衆生種種意行，得賢聖者及非賢聖，勤以精進立正聖法，無淫泆行建志不捨，寂與不寂等皆濟度，無念不念；其不整者，佛土莊飾嚴整立之，過俗向脫脫不離俗。如是，龍王！以執智權有賢聖定，是為菩薩修應向脫。譬如，龍王！聲聞之行修應向脫，名曰往還。以成其道，不能前進發於無上，建立大悲而化衆生。如其菩薩亦應修脫，無復動搖，成不退轉往還乎！龍王！修應向脫，無疑會當得至道果。又如菩薩修應向脫，都不忘於聲聞之果，受菩薩道以是聲聞修應向脫，為有其限，如菩薩者永無其限。

「譬如，龍王！有二匹夫在峻山頂而欲自投，其一人者力贔勇悍，權策通捷宿習機宜，曉了諸變無事不貫，從其峻山而已自投，忽爾復還住彼山頂，由其勇勢爽健猛達，身昇最力輕驫翻疾，強惈所致而使無墮，亦不所住；如其一人志怯意弱，亦無權謀，於其山上不能自投。如是，龍王！其菩薩者於空、無相、願，觀覩諸法無所作念，如是觀訖，又復能以權慧之力，為衆生故住普智心。其峻山者謂是無數，其慧博達顯大力者，譬執權慧行菩薩也。其修權慧菩薩行者，不處生死不住無為，是謂菩薩披普智鎧，如入死生抽拔眾生，令發菩薩大乘之行。其劣弱者，住彼山上不能返還，譬之聲聞，不入生死無益眾生。

「若是，龍王！其有菩薩聞是脫慧要行品者，斯輩世尊，皆得堅固於無上正真道意，疾近佛坐，濟度三界。」

說是法時，會中菩薩七千人得不退轉。

眾要法品第十

時阿耨達龍王太子，其名感動，前白佛言：「今吾，世尊！以無貪心自歸三尊，願使是經久住於世，護正法故。唯，世尊！志發無上正真道意，願造斯行，樂興達之，得了心本，明曉道本及諸法本，自致成佛最正之覺，當廣宣道化潤眾生。又唯，世尊！其諸菩薩聞此清淨大道法品而不信樂，不奉行者，當知斯輩菩薩之類，為魔所魘，亦不得疾近普智心行。所以者何？從斯世尊法品要義出生菩薩，自致成佛，伏魔外道，去、來、現在諸佛正覺皆由是法。」

爾時，賢者須菩提謂太子感動：「如仁賢者了解心本，明盡道本及諸法本，若得成其覺諸法者，此何心本而得了耶？」

曰：「其本者，唯！須菩提！是之本者，以心本也。」

須菩提曰：「心為何本？」

曰：「本乎婬、怒、癡也。」

曰：「婬、怒、癡為何本耶？」

曰：「以念無念為本也。」

須菩提曰：「云何？賢者！婬、怒、癡本為從其無念興起生耶？」

曰：「須菩提！婬、怒、癡本不念無念亦不生也。又其本者，不起為本。又須菩提！所可言者，此何心本？為心本者其本清淨，斯謂心本。如本清淨彼無婬欲、恚怒、癡垢。」

曰：「族姓子！欲生起生彼從何生，而常生生如無斷耶？」

曰：「須菩提！其欲當生而已生生，於心本者不有著生。唯！須菩提！若彼心本有其著者，則終無致至清淨者，是故心本都無著也。由是知欲亦為清淨。」

須菩提曰：「云何？族姓子！了知欲耶？」

曰：「以因緣之起生也。其無因緣為不有生。唯！須菩提！修淨念者了欲無也。」

須菩提曰：「又，云何乎？族姓子！菩提為應修淨念耶？」

曰：「須菩提！菩薩於行而修諸行，是謂菩薩修淨行者也。唯！須菩提！其有菩薩都為衆生，被大德鎧化至泥洹，等見衆生本如泥洹，是則菩薩修淨念行。唯！須菩提！其菩薩者，為諸聲聞及緣一覺，隨應說法不隨是化，斯謂菩薩修淨念行。唯！須菩提！又彼菩薩自寂其欲，靜衆生欲，是謂菩薩為修淨行。又須菩提！其菩薩者，在於淨念而見不修，又於不淨而見修淨，是謂菩薩修淨行者。」

爾時，須菩提謂王太子感動曰：「又，云何乎？族姓之子！菩薩於淨而見不修，於其不修見淨修念？」

曰：「須菩提！修淨念者，調修眼色、耳聲、鼻香、舌味、身更、心所受法見悉不修，法性無二調修，三界不著是菩薩住，住以善權斯曰修念。菩薩作此行，須菩提！則謂修淨念行者也。」

於是世尊歎太子曰：「善哉！善哉！如若正士感動所言，修淨如斯，是為菩薩應修淨行。今若所說皆佛威神，其有菩薩修行如此，是乃應興大乘之行，當知斯輩堅固普智。」

於是太子感動白佛：「云何？世尊！菩薩得以無欲之心應自歸佛？」曰：「族姓子！若有菩薩了知諸法無我、人、壽、無色、無想，亦無法相，不於法性而見如來，如是菩薩為應無欲自歸命佛；如如來法彼則法性，如其法性為普所至，有得致是法性之法，則知諸法，斯謂菩薩以無欲心應自歸法。其法性者，彼為無數習，無數者即是聲聞，又如菩薩等見無數，於其無數而不有數，亦不二者，斯謂菩薩以無欲心應自歸依。」

說是語時，太子感動得柔順忍，來會色、欲諸天、龍、人聞此法品等二萬眾，皆發無上正真道意。

受封拜品第十一

爾時，龍王阿耨達與宮夫人、太子、眷屬俱而圍繞，自歸三尊，都以宮室并池所有，供奉世尊及比丘僧，以為精舍。又復言曰：「吾今，世尊！興發是願：『從斯大池出流四河，充于四海，從其世尊四河之流，若龍、鬼、人、飛鳥、走獸，二足、四足有含命類，飲此流者，願其一切皆發無上正真道意；宿不發者，飲此水已，使成其行，速在佛座，降却魔衆，伏諸外道。』」

時世尊笑。諸佛笑法，口出五色，奮耀奕奕光焰無數，震照十方無量佛世，明踰日月須彌珠寶，諸天魔宮及釋、梵殿，一切天光盡翳無明。是時，無數億千天衆莫不懷悅，發願聖覺；光徹阿鼻諸大地獄，有被明者尋免衆苦，皆志無上正真道意，還繞世尊乃無數匝，忽從頂入。

爾時，賢者名曰披耆（晉言辯也），見其光明輒從坐起，整著衣服偏袒右臂，向佛跪膝恭撿，又言歎頌世尊而以偈曰：

其色無量見者悅，人雄至最獨世尊，滅除衆冥與大明，執持威神說笑意。
百福所詠德七滿，得智光明演慧行，為法上講惟法王，世尊今笑何瑞應？
具見誠諦常樂信，根定寂靜衆權敬，化度一切以寂然，德過無極說笑故。
梵聲清徹甚軟和，鸞音商雅踰諸樂，衆音備足無缺減，解散笑故宣布示。
智脫之明應慧度，行常清淨樂淡然，權曉衆行普智具，賢聖導王說笑義。
智辯通達慧無極，現力無量神足備，十力已具普感動，天師現笑用何故？
身光無數照杳冥，大千衆明不能蔽，踰越日月及珠火，威聖之光無等倫。
功德滿足若如海，順化菩薩以智明，懷慧無限散衆疑，興發何故而有笑？
尊度三界無有極，權*導衆生除諸穢，能淨欲垢化無餘，天顏含笑為誰興？
如來所由普感動，震動天龍諸鬼神，稽首受禮於法王，蒙說笑意決衆疑。

是時，佛告耆年辯辭賢者：「汝見阿耨達不？供如來故，造此嚴飾。」

曰：「然！世尊！已而見之。」

曰：「是龍王*已於九十六億諸佛施種德本，今受封拜，如吾前世為定光佛世尊所決：『汝當來世得致為佛，號名能仁如來、無著、平等正覺、通行備足、為最衆祐、無上法師、天人之師，號佛世尊！』是時，龍王為長者子，其號名曰比守陀來（來丹本末晉言淨意），聞吾受決，尋轉興願：『使吾來世得其拜署，若斯梵志為是定光佛所決也。』爾時，淨意長者子者，阿耨達是。又斯龍王當於賢劫中，在此池中莊飾種種鮮*文衆寶，若天宮室，當悉進奉賢劫千佛，斯諸如來盡知王意，率皆說此清淨法品，悉坐是處等亦如今；又及如前拘樓秦佛、文尼、迦葉，同共坐此師子之座，及其最後樓至如來，亦當轉此法品要義。無熱龍王當供養賢劫千佛從聞是法，諸佛衆會悉同如今。

「是阿耨達後無數世奉諸如來，事衆正覺，修梵淨行，常護正法，勸進菩薩，然後七百無數劫已，當得作佛，號阿耨達如來、無著、平等正覺、通行備足、無上法御、天人之師，為佛、世尊。如是，賢者！無熱如來得為佛時，其土人民都無貪婬、恚怒、愚癡，永無相侵，不相論短。何則然者？以彼衆生志行備故。

「如是，賢者！阿耨達佛、至真、如來乃當應壽八十億載，弟子之眾亦八十億，如其始會之為清淨，從始至終無異缺減，如此之比數百千會，當有通辯受決菩薩四千億人都悉集會，又諸發意菩薩行者不可計數。無熱如來當為佛時，其土清淨，紺琉璃為地，天金分錯飾用諸寶，以眾明珠造作樓閣及經行地；彼土眾生若興食想，應輒百味悉得五通，其國處所人民居止，但以珍琦、被服、飲食、娛樂、自由悉如第四兜術天上；彼不二念，又無貪欲婬行之心，而諸眾生法樂自娛，其土人民都無欲垢，若彼如來敷雨法說不有勞想，神變無數以演洪化，宣示經法永無其難，方適說法眾生輒度。何則然者？以彼一切志純熟故。

「又其如來自於三千大千世界，唯一法化無外異道，又若如來欲會眾時，輒放身光盡明其界，彼土人民尋皆有念：『世尊*聖覺☆將演法化，故揚光耳！』各承佛聖神足飛來詣佛聽法。又彼如來終無不定，乘大聖神，忽昇空中去地七丈，就其自然師子之座，廣為眾會進講法說，普土見之，譬如覩其日月宮殿明盛滿時。眾生種德故生彼土，其國人民觀於世尊師子之座，懸在虛空而無所著，尋解諸法亦空無著，當爾之時，悉得法忍。其如來者但說金剛定入之門，不有聲聞、緣覺雜言，所以唯演金剛定者，譬如金剛所可著處靡不降徹，而彼如來所可說法亦如金剛，鑽碎吟疑住著諸見。

「如是，賢者！阿耨達佛若現滅度，而其世界有尊菩薩名曰持願，當授其決然後現滅。其佛方滅，持願菩薩即得無上最正之覺，尋補佛處，號曰等世如來、無著、平等正覺。其土所有神通菩薩及上弟子眾會多少如阿耨達。」

時阿耨達王之太子名曰當（常丹）信，敬心悅欣，以寶明珠交露飾蓋進奉如來，叉手白佛：「誰當於時得為持願菩薩者耶？」

是時，世尊知王太子當信意向，告阿難曰：「其時持願菩薩大士當補佛處者，今龍王子當（常丹）信是也。時阿耨達如來方滅，持願菩薩尋昇佛座，又其等世如來、無著、平等正覺方適得佛，亦便轉此法品正要。」

當佛說是封拜品時，四萬菩薩得無從生忍，十方世界來會菩薩、釋、梵、持世、天龍、鬼神，聞佛說此封拜法已，悉皆喜悅，懽心踊躍，信樂遂生，五體稽首，各還宮殿。

阿耨達王與諸太子眷屬圍遶，勅伊羅鑾龍象王曰：「為如來故，造作交露琦珍寶車，使其廣博殊妙無極，當以奉送至真、正覺。」尋應受教，輒為如來化作七寶珠交露車，令極高大廣博嚴飾，世尊、菩薩及諸弟子悉就車坐，無熱龍王、太子、眷屬心懷恭恪，手共挽車，從其宮中出于大池，如來神旨忽昇鷲山。

囑累法藏品第十二

於是世尊到鷲山已，即告慈氏、軟首童子并衆菩薩曰：「諸族姓子！以阿耨達所問道品宜重宣廣，使諸未聞而得聞之。」

慈氏、軟首而俱白佛：「唯願如來垂慈當說！」

於時，世尊尋輒揚光光色無數，天地震動至于六反，光明爍爍乃曜十方，十方佛土諸尊菩薩神通備者，尋明飛來，到皆稽首，各便就坐。王阿闍世、夫人、婇女、太子、眷屬，舉國臣民、長者、居士、梵志、學者見是光明，又聞如來從無熱還，各捨其事悉詣鷲山，到世尊前，肅然加敬，叉手為禮，問訊如來：「景福無量乎？」即退還坐，觀佛無厭。

如來身光明悉普至無極世界，諸大地獄衆窈冥處靡不降徹，諸在地獄無不被明，又其光明而出聲曰：「能仁如來於無熱池，弘說清淨道品要法，今還鷲山而重演化。」

又其音聲徹諸地獄，十方地獄衆生之類，所受苦痛應時得免，悉遙見佛及諸衆會，皆自悲嗟：「嗚呼！世尊！吾等受此苦痛無數地獄之酸，六火圍遶，燒炙苦毒，鋒瘡萬端，鑊湯之難，諸變種種更斯衆痛，日月彌遠。善哉！世人！值奉如來稟佛道化，得離三苦，吾等宿世雖遇諸佛，不受法化使被衆痛，蒙賴如來所說法品，令諸殃罪而輒微輕。」

當爾之時，十方地獄一切衆生，得萬有億千悉發無上正真道意，遙承佛聖，皆同聲曰：「一切苦痛本為清淨，其了本者則無顛倒，吾等但坐不了之故，更諸地獄衆苦無數，願使一切速解正真。」

爾時，佛告慈氏菩薩、軟首童子及阿難曰：「諸族姓等！當勤受此是經要說，持諷誦讀以宣流布，廣為學者演說斯法，使諸四輩加心專習，是慧要行積辯句義。若族姓子及族姓女，發心怡悅向樂是經，當為斯輩解此奧藏深邃諸義，道之無府，衆經所歸，諸佛積要微妙無量，若所授者，當令字句了了分明，使無增減。又，諸族姓！若賢男女在於過去恒沙諸佛所作功德，施行種種，受持諸佛所可說法，一一專習勤心奉行，若復施、戒、忍、進、定、智，行是六度億百千劫；奉是諸佛并衆弟子衣被、飯食、床臥、醫藥、香華、伎樂，進諸所欲；又造精舍經行之地，奉敬如是不可稱計；至諸世尊般泥洹已，為諸如來起七寶塔，一一供養諸如來塔，香華、伎樂、繒綵、幡蓋、進然香燈，又懸夜光明月諸寶，供養如是極多無數。斯所行德集會計之，都不如是族姓男女，逮得一聞此阿耨達龍王所問決諸狐疑法品義也。所以者何？以斯法藏出生諸佛、菩薩要行慧之最故，何況奉持執卷誦讀，以無疑心體解深妙，復以所聞宣示流布，斯諸功德不可測量也！」

是時，慈氏、軟首童子、賢者阿難俱白佛言：「甚未曾有！唯然！世尊！又若如來慈降一切，興有大悲，乃為十方去、來、現在菩薩、行者、天、龍、鬼、神、諸衆生故，弘說是法無極清淨道品之義。又復，世尊！若族姓子及族姓女聞阿耨達龍王所問決狐疑經，不即受持樂習誦讀，又不廣*傳布示等學，亦不興心勸助之者，當知是輩族姓男女，以為衆魔及魔官屬并邪外道之所得便，常在羅網結疑中也。」

時佛歎曰：「快哉所言！誘進一切使習斯法，令行應之。」

如來又曰：「當以是經數為四輩宣廣說之。」

爾時，慈氏、軟首菩薩、賢者阿難皆白佛言：「唯願，世尊！輒當受持布演是法。又復，世尊！此經名何？當云何奉？」

世尊告曰：「斯乎族姓！名阿耨達龍王所問決諸狐疑清淨法品，亦名弘道廣顯定意，當勤受持斯經之要。又族姓等！是道品者，珍護諸法經之淵海也。」

慈氏菩薩、軟首童子，及諸來會神通菩薩、釋、梵、持世、天龍、鬼神同聲白佛：「甚善！如來快說是法！吾等，世尊！在所聚落國界縣邑有行是法，當共躬身營護斯輩，其聞此者令無邪耶便，吾等亦當受持是經，使普流布而常無斷。」

佛歎慈氏、軟首童子并衆菩薩曰：「善哉！諸族姓子！卿等所言，勸樂將來諸學菩薩，快甚乃爾！」

佛說此已，十方來會神通菩薩七萬二千悉逮顯定，五萬四千天、龍、鬼、人皆發無上正真道意，五千天人得生法眼。阿耨達龍王、慈氏菩薩、軟首童子、一切菩薩、賢者阿難、來會四輩，及諸天、龍、種種鬼神、人與非人，聞佛說是，莫不歡喜，稽首佛足，各便而退。

佛說弘道廣顯三昧經卷第四

南無護法韋馱尊天菩薩

全佛文化圖書出版目錄

佛教小百科系列

□ 佛菩薩的圖像解說1-總論•佛部	320	□ 佛教的塔婆	290
□ 佛菩薩的圖像解說2-菩薩部•觀音部•明王部	280	□ 中國的佛塔-上	240
		□ 中國的佛塔-下	240
□ 密教曼荼羅圖典1-總論•別尊•西藏	240	□ 西藏著名的寺院與佛塔	330
		□ 佛教的動物-上	220
□ 密教曼荼羅圖典2-胎藏界上	300	□ 佛教的動物-下	220
□ 密教曼荼羅圖典2-胎藏界中	350	□ 佛教的植物-上	220
□ 密教曼荼羅圖典2-胎藏界下	420	□ 佛教的植物-下	220
□ 密教曼荼羅圖典3-金剛界上	260	□ 佛教的蓮花	260
□ 密教曼荼羅圖典3-金剛界下	260	□ 佛教的香與香器	280
□ 佛教的真言咒語	330	□ 佛教的神通	290
□ 天龍八部	350	□ 神通的原理與修持	280
□ 觀音寶典	320	□ 神通感應錄	250
□ 財寶本尊與財神	350	□ 佛教的念珠	220
□ 消災增福本尊	320	□ 佛教的宗派	295
□ 長壽延命本尊	280	□ 佛教的重要經典	290
□ 智慧才辯本尊	290	□ 佛教的重要名詞解說	380
□ 令具威德懷愛本尊	280	□ 佛教的節慶	260
□ 佛教的手印	290	□ 佛教的護法神	320
□ 密教的修法手印-上	350	□ 佛教的宇宙觀	260
□ 密教的修法手印-下	390	□ 佛教的精靈鬼怪	280
□ 簡易學梵字(基礎篇)-附CD	250	□ 密宗重要名詞解說	290
□ 簡易學梵字(進階篇)-附CD	300	□ 禪宗的重要名詞解說-上	360
□ 佛教的法器	290	□ 禪宗的重要名詞解說-下	290
□ 佛教的持物	330	□ 佛教的聖地-印度篇	200

佛菩薩經典系列

□ 阿彌陀佛經典	350	□ 地藏菩薩經典	260
□ 藥師佛•阿閦佛經典	220	□ 彌勒菩薩•常啼菩薩經典	250
□ 普賢菩薩經典	180	□ 維摩詰菩薩經典	250
□ 文殊菩薩經典	260	□ 虛空藏菩薩經典	350
□ 觀音菩薩經典	220	□ 無盡意菩薩•無所有菩薩經典	260

佛法常行經典系列

□ 妙法蓮華經	260	□ 大乘本生心地觀經•勝鬘經•如來藏經	200
□ 悲華經	260		

☐ 小品般若波羅密經	220	☐ 解深密經・大乘密嚴經	200
☐ 金光明經・金光明最勝王經	280	☐ 大日經	220
☐ 楞伽經・入楞伽經	360	☐ 金剛頂經・金剛頂瑜伽念誦經	200
☐ 楞嚴經	200		

三昧禪法經典系列

☐ 念佛三昧經典	260	☐ 寶如來三昧經典	250
☐ 般舟三昧經典	220	☐ 如來智印三昧經典	180
☐ 觀佛三昧經典	220	☐ 法華三昧經典	260
☐ 如幻三昧經典	250	☐ 坐禪三昧經典	250
☐ 月燈三昧經典(三昧王經典)	260	☐ 修行道地經典	250

修行道地經典系列

☐ 大方廣佛華嚴經(10冊)	1600	☐ 中阿含經(8冊)	1200
☐ 長阿含經(4冊)	600	☐ 雜阿含經(8冊)	1200
☐ 增一阿含經(7冊)	1050		

佛經修持法系列

☐ 如何修持心經	200	☐ 如何修持阿閦佛國經	200
☐ 如何修持金剛經	260	☐ 如何修持華嚴經	290
☐ 如何修持阿彌陀經	200	☐ 如何修持圓覺經	220
☐ 如何修持藥師經-附CD	280	☐ 如何修持法華經	220
☐ 如何修持大悲心陀羅尼經	220	☐ 如何修持楞嚴經	220

守護佛菩薩系列

☐ 釋迦牟尼佛-人間守護主	240	☐ 地藏菩薩-大願守護主	250
☐ 阿彌陀佛-平安吉祥	240	☐ 彌勒菩薩-慈心喜樂守護主	220
☐ 藥師佛-消災延壽(附CD)	260	☐ 大勢至菩薩-大力守護主	220
☐ 大日如來-密教之主	250	☐ 準提菩薩-滿願守護主(附CD)	260
☐ 觀音菩薩-大悲守護主(附CD)	280	☐ 不動明王-除障守護主	220
☐ 文殊菩薩-智慧之主(附CD)	280	☐ 虛空藏菩薩-福德大智守護(附CD)	260
☐ 普賢菩薩-廣大行願守護主	250	☐ 毘沙門天王-護世財寶之主(附CD)	280

輕鬆學佛法系列

☐ 遇見佛陀-影響百億人的生命導師	200	☐ 佛陀的第一堂課-四聖諦與八正道	200
☐ 如何成為佛陀的學生-皈依與受戒	200	☐ 業力與因果-佛陀教你如何掌握自己的命運	220

洪老師禪座教室系列

- □ 靜坐-長春.長樂.長效的人生 200
- □ 放鬆(附CD) 250
- □ 妙定功-超越身心最佳功法(附CD) 260
- □ 妙定功VCD 295
- □ 睡夢-輕鬆入眠•夢中自在(附CD) 240
- □ 沒有敵者-強化身心免疫力的修鍊法(附CD) 280
- □ 夢瑜伽-夢中作主.夢中變身 260
- □ 如何培養定力-集中心靈的能量 200

禪生活系列

- □ 坐禪的原理與方法-坐禪之道 280
- □ 以禪養生-呼吸健康法 200
- □ 內觀禪法-生活中的禪道 290
- □ 禪宗的傳承與參禪方法-禪的世界 260
- □ 禪的開悟境界-禪心與禪機 240
- □ 禪宗奇才的千古絕唱-永嘉禪師的頓悟 260
- □ 禪師的生死藝術-生死禪 240
- □ 禪師的開悟故事-開悟禪 260
- □ 女禪師的開悟故事(上)-女人禪 220
- □ 女禪師的開悟故事(下)-女人禪 260
- □ 以禪療心-十六種禪心療法 260

密乘寶海系列

- □ 現觀中脈實相成就-開啟中脈實修秘法 290
- □ 智慧成就拙火瑜伽 330
- □ 蓮師大圓滿教授講記-藏密寧瑪派最高解脫法門 220
- □ 密宗的源流-密法內在傳承的密意 240
- □ 恒河大手印-傾瓶之灌的帝洛巴恒河大手印 240
- □ 岡波巴大手印-大手印導引顯明本體四瑜伽 390
- □ 大白傘蓋佛母-息災護佑行法(附CD) 295
- □ 密宗修行要旨-總攝密法的根本要義 430
- □ 密宗成佛心要-今生即身成佛的必備書 240
- □ 無死-超越生與死的無死瑜伽 200
- □ 孔雀明王行法-摧伏毒害煩惱 260
- □ 月輪觀•阿字觀-密教觀想法的重要基礎 350
- □ 穢積金剛-滅除一切不淨障礙 290
- □ 五輪塔觀-密教建立佛身的根本大法 290
- □ 密法總持-密意成就金法總集 650

其他系列

- □ 入佛之門-佛法在現代的應用智慧 350
- □ 如觀自在-千手觀音與大悲咒的實修心要 650
- □ 普賢法身之旅-2004美東弘法紀行 450
- □ 神通-佛教神通學大觀 590
- □ 認識日本佛教 360
- □ 仁波切我有問題-一本關於空的見地、禪修與問答集 240
- □ 萬法唯心造-金剛經筆記 230
- □ 覺貓悟語 280

禪觀寶海系列

- □ 禪觀秘要 1200
- □ 首楞嚴三昧-降伏諸魔的大悲勇健三昧 420

高階禪觀系列

- □ 通明禪禪觀-迅速開啟六種神通的禪法 200
- □ 十種遍一切處禪觀-調練心念出生廣大威力的禪法 280
- □ 四諦十六行禪觀-佛陀初轉法輪的殊勝法門 350
- □ 三三昧禪觀-證入空、無相、無願三解脫門的禪法 260
- □ 大悲如幻三昧禪觀-修行一切菩薩三昧的根本 380
- □ 圓覺經二十五輪三昧禪觀-二十五種如來圓覺境界的禪法 400

蓮花生大士全傳系列

- □ 蓮花王 320
- □ 師子吼聲 320
- □ 桑耶大師 320
- □ 廣大圓滿 320
- □ 無死虹身 320
- □ 蓮花生大士祈請文集 280

光明導引系列

- □ 阿彌陀經臨終光明導引-臨終救度法 350
- □ 送行者之歌(附國台語雙CD) 480

佛家經論導讀叢書系列

- □ 雜阿含經導讀-修訂版 450
- □ 異部宗論導讀 240
- □ 大乘成業論導讀 240
- □ 解深密經導讀 320
- □ 阿彌陀經導讀 320
- □ 唯識三十頌導讀-修訂版 520
- □ 唯識二十論導讀 300
- □ 小品般若經論對讀-上 400
- □ 小品般若經論對讀-下 420
- □ 金剛經導讀 220
- □ 心經導讀 160
- □ 中論導讀-上 420
- □ 中論導讀-下 380
- □ 楞伽經導讀 400
- □ 法華經導讀-上 220
- □ 法華經導讀-下 240
- □ 十地經導讀 350
- □ 大般涅槃經導讀-上 280
- □ 大般涅槃經導讀-下 280
- □ 維摩詰經導讀 220
- □ 菩提道次第略論導讀 450
- □ 密續部總建立廣釋 280
- □ 四法寶鬘導讀 200
- □ 因明入正理論導讀-上 240
- □ 因明入正理論導讀-下 200

離言叢書系列

- □ 解深密經密意 390
- □ 如來藏經密意 300
- □ 文殊師利二經密意 420
- □ 無邊莊嚴會密意 190
- □ 勝鬘師子吼經密意 340
- □ 龍樹二論密意 260

頂果欽哲法王文選(雪謙)

- ☐ 修行百頌-在俗世修行的101個忠告 260
- ☐ 覺醒的勇氣-阿底峽之修心七要 220
- ☐ 如意寶-上師相應法 260
- ☐ 你可以更慈悲-頂果欽哲法王說明(菩薩37種修行之道) 350
- ☐ 證悟者的心要寶藏-唵嘛呢唄美吽 280
- ☐ 成佛之道-殊勝證悟道前行法 250
- ☐ 明月-頂果欽哲法王自傳與訪談錄 650
- ☐ 頂果欽哲法王傳-西藏精神(百歲紀念版) 650

精選大師系列(雪謙)

- ☐ 遇見•巴楚仁波切-觸動心靈的真心告白 200
- ☐ 大藥-戰勝視一切為真的處方 250

格薩爾王傳奇系列

- ☐ 格薩爾王傳奇1-神子誕生 280
- ☐ 格薩爾王傳奇2-魔國大戰 260
- ☐ 格薩爾王傳奇3-奪寶奇謀 280
- ☐ 格薩爾王傳奇4-爭霸天下 290
- ☐ 格薩爾王傳奇5-萬王之王 280
- ☐ 格薩爾王傳奇6-地獄大圓滿 290

山月文化系列

- ☐ 西藏繪畫藝術欣賞-平裝本 480
- ☐ 西藏繪畫藝術欣賞-精裝本 680
- ☐ 西藏傳奇大師密勒日巴唐卡畫傳 580
- ☐ 密勒日巴唐卡畫傳(精裝經摺本) 890
- ☐ 西藏健身寶卷 390
- ☐ 達瓦，一隻不丹的流浪犬 240
- ☐ 西藏格薩爾圖像藝術欣賞-上 480
- ☐ 西藏格薩爾圖像藝術欣賞-下 480

特殊文化之旅系列

- ☐ 西藏吉祥密碼(上)-符號、顏色、動植物 260
- ☐ 西藏吉祥密碼(下)-裝飾藝術、圖案、儀式 260
- ☐ 西藏的節慶-拉薩篇 399
- ☐ 西藏《格薩爾》說唱藝人(附贈超值DVD) 350
- ☐ 西藏民間樂器(附贈西藏傳統音樂CD) 350
- ☐ 西藏的節慶-各地采風篇 399

達賴喇嘛全傳

- ☐ 五世達賴-第一函-上 380
- ☐ 五世達賴-第一函-下 390
- ☐ 五世達賴-第二函-上 250
- ☐ 五世達賴-第二函-下 250
- ☐ 五世達賴-第三函-上 220
- ☐ 五世達賴-第三函-下 220
- ☐ 四世達賴-雲丹嘉措傳 220
- ☐ 三世達賴-索南嘉措傳 295
- ☐ 二世達賴-根敦嘉措傳 220
- ☐ 一世達賴 根敦珠巴傳 250

全套購書85折、單冊購書9折

(郵購請加掛號郵資60元)

全佛文化事業有限公司
新北市新店區民權路95號4樓之1
Buddhall Cultural Enterprise Co.,Ltd.
TEL:886-2-2913-2199
FAX:886-2-2913-3693
匯款帳號：3199717004240
合作金庫銀行大坪林分行
戶名：全佛文化事業有限公司

全佛文化有聲書系列

經典修鍊的12堂課(全套12輯)

地球禪者 洪啟嵩老師 主講　全套定價NT$3,700

〈 經典修鍊的十二堂課一觀自在人生的十二把金鑰 〉有聲書由地球禪者洪啟嵩老師，親自講授《心經》、《圓覺經》、《維摩詰經》、《觀無量壽經》、《藥師經》、《金剛經》、《楞嚴經》、《法華經》、《華嚴經》、《大日經》、《地藏經》、《六祖壇經》等十二部佛法心要經典，在智慧妙語提綱挈領中，接引讀者進入般若經典的殿堂，深入經典密意，開啟圓滿自在的人生。

01. 心經的修鍊 2CD/NT$250
02. 圓覺經的修鍊 3CD/NT$350
03. 維摩詰經的修鍊 3CD/NT$350
04. 觀無量壽經的修鍊 2CD/NT$250
05. 藥師經的修鍊 2CD/NT$250
06. 金剛經的修鍊 3CD/NT$350
07. 楞嚴經的修鍊 3CD/NT$350
08. 法華經的修鍊 2CD/NT$250
09. 華嚴經的修鍊 2CD/NT$250
10. 大日經的修鍊 3CD/NT$350
11. 地藏經的修鍊 3CD/NT$350
12. 六祖壇經的修鍊 3CD/NT$350

全佛文化白話佛經系列

白話華嚴經　全套八冊

國際禪學大師　洪啟嵩語譯　定價NT$5440

八十華嚴史上首部完整現代語譯！

導讀 ＋ 白話語譯 ＋ 註譯 ＋ 原經文

《華嚴經》為大乘佛教經典五大部之一，為毘盧遮那如來於菩提道場始成正覺時，所宣説之廣大圓滿、無盡無礙的內證法門，十方廣大無邊，三世流通不盡，現前了知華嚴正見，即墮入佛數，初發心即成正覺，恭敬奉持、讀誦、供養，功德廣大不可思議！本書是描寫富麗莊嚴的成佛境界，是諸佛最圓滿的展現，也是每一個生命的覺性奮鬥史。內含白話、注釋及原經文，兼具文言之韻味與通暢清晰之白話，引領您深入諸佛智慧大海！

三昧禪法經典系列 8

《法華三昧經典》

主　編　全佛編輯部

出　版　全佛文化事業有限公司

永久信箱：台北郵政26-341號信箱

訂購專線：(02)2913-2199

傳真專線：(02)2913-3693

發行專線：(02)2219-0898

匯款帳號：3199717004240 合作金庫銀行大坪林分行

戶　名：全佛文化事業有限公司

E-mail：buddhall@ms7.hinet.net

http://www.buddhall.com

行銷代理　紅螞蟻圖書有限公司

台北市內湖區舊宗路二段121巷19號（紅螞蟻資訊大樓）

電話：(02)2795-3656

傳真：(02)2795-4100

初　版　一九九六年三月

初版二刷　二〇一五年三月

定　價　新台幣二六〇元

ISBN　978-957-9462-33-4（平裝）

Published by BuddhAll Cultural Enterprise Co.,Ltd.

Buddhall

國家圖書館出版品預行編目資料

法華三昧經典 / 全佛編輯部主編 --初版.--
臺北市：全佛文化, 1996[民85]
面；　公分. －（三昧禪法經典系列：8）

ISBN 978-957-9462-33-4(平裝)

1.方等部
221.38　　　　85001658

全佛
Buddhall

廣告回信
台灣北區郵政管理局登記證
北台字第8490號

郵資已付，免貼郵票

台北郵政第26～341號信箱

全佛文化事業有限公司　　收

請沿虛線對摺，謝謝！

全佛
Buddhall

系列：三昧禪法經典8　　書名：法華三昧經典

此處請用膠水黏貼

讀者服務卡

謝謝您購買此書，如您對本書有任何建議或希望收到最新書訊、全佛雜誌與相關活動訊息，請郵寄或傳真寄回本單。

姓名：________________ 性別：□男 □女

電話：________________ 手機：________________

出生日期：______年______月______日 婚姻狀況：□已婚 □未婚

住址：________________________________

E-mail: ________________

法門傾向：□顯宗 □密宗 □禪宗 □淨土 □其他________

職業：□學生 □自由業 □服務業 □傳播業 □金融商業 □資訊業

□製造業 □出版文教 □軍警公教 □其他________

■您如何購得此書？

□書店________縣/市 ________書店

□網路平台(書店)________ □其他________

■您對本書的評價（請填代號1.非常滿意 2.滿意 3.尚可 4.待改進）

___定價 ___內容 ___封面設計 ___版面編排 ___印刷 ___整體評價

■對我們的建議：________________________________

____

____

____

Buddhall 全佛文化事業有限公司
訂購專線:886-2-2913-2199 傳真專線:886-2-2913-3693
http://www.buddhall.com

此處請用膠水黏貼